彭凡 著

化学工业出版社
·北京·

图书在版编目（CIP）数据

历史穿越报.隋唐卷/彭凡著.—北京：化学工业出版社，2018.9（2025.3重印）
ISBN 978-7-122-32676-8

Ⅰ.①历…　Ⅱ.①彭…　Ⅲ.①中国历史-隋唐时代-青少年读物　Ⅳ.①K209

中国版本图书馆CIP数据核字（2018）第159893号

责任编辑：刘亚琦　丁尚林　　　　　　装帧设计：尹琳琳
责任校对：王素芹

出版发行：化学工业出版社（北京市东城区青年湖南街13号　邮政编码100011）
印　　装：天津裕同印刷有限公司
710mm×1000mm　1/16　印张13½　2025年3月北京第1版第14次印刷

购书咨询：010-64518888　　售后服务：010-64518899
网　　址：http://www.cip.com.cn
凡购买本书，如有缺损质量问题，本社销售中心负责调换。

定　　价：39.80元　　　　　　　　　　　　　　版权所有　违者必究

隋唐帝王世系表

帝号	姓名	在位时间
隋		
隋文帝	杨坚	581—604 年
隋炀（yáng）帝	杨广	604—617 年
隋恭帝	杨侑（yòu）	617—618 年
隋皇泰帝（为王世充等拥立）	杨侗	618—619 年
唐		
唐高祖	李渊	618—626 年
唐太宗	李世民	626—649 年
唐高宗	李治	649—683 年
唐中宗	李显	684 年
唐睿宗	李旦	684—690 年
周		
武周	武则天，又名武曌	690—705 年
唐		
唐中宗	李显	705—710 年
唐少帝	李重茂	710 年
唐睿宗	李旦	710—712 年
唐玄宗	李隆基	712—756 年
唐肃宗	李亨	756—762 年
唐代宗	李豫	762—779 年
唐德宗	李适（kuò）	779—805 年
唐顺宗	李诵	805 年
唐宪宗	李纯	805—820 年
唐穆宗	李恒	820—824 年
唐敬宗	李湛	824—826 年
唐文宗	李昂	826—840 年
唐武宗	李炎	840—846 年
唐宣宗	李忱（chén）	846—859 年
唐懿（yì）宗	李漼（cuǐ）	859—873 年
唐僖（xī）宗	李儇（xuān）	873—888 年
唐昭宗	李晔	888—904 年
唐哀帝	李柷（chù）	904—907 年

隋唐卷

前 言

　　一般的历史书，记录的都是过去的回忆。但是，我相信，人们更想亲自回到古代，看看古人的真实生活、历史的真实面貌。

　　如果回到过去，你会发现，那时的土地，就像现在的房子一样金贵；那时的人们渴望飞上蓝天，就像我们今天渴望到达宇宙边缘一样执着；那时的人们发明火药、指南针，就像现在我们发明了电脑一样伟大……

　　那时虽然没有电视，没有网络，但也有数不完、道不尽的新闻。那时的人和现在的我们一样，也要学习、工作和娱乐，也会七嘴八舌地讨论当时最流行的话题，疯狂地崇拜明星。

　　例如，当花木兰从战场上回来后，女扮男装成了一种时尚；

　　当岳飞被秦桧害死后，老百姓一边痛骂秦桧，一边怀疑岳飞的真正死因；

　　当朱元璋从一个放牛娃变成皇帝后，全天下的放牛娃都受到了鼓舞；

　　……

　　现在，你是不是迫不及待地想回到古代，在第一时间了解这些新闻呢？别急，我们已经派人穿越到过去，将你想知道的事情一一记录下来，刊登在《历史穿越报》上啦。

　　为了方便大家阅读，我们将《历史穿越报》做成了合订本，一共

10本，每本12期，分别介绍了从夏朝到清朝十个阶段的历史。

我们的记者队伍非常庞大，他们分布在全国各地，将自己身边发生的新鲜事儿记录下来，寄到我们的编辑部。在这些记者中，有人喜欢记录重大事件，我们将这些稿件放在《天下风云》栏目；还有人喜欢搜集趣闻八卦，我们将这些稿件放在《八卦驿站》栏目。

《历史穿越报》还有一批非常勤奋的通讯员，每天穿梭在各大茶馆。不过，他们可不是去喝茶的哦，而是为了搜集百姓的心声，然后刊登在《百姓茶馆》栏目中。

我们还有一位大嘴记者，专门负责采访当时最杰出，或者最有争议的人物。他是一个非常大胆的家伙，就算是皇帝，他也要刁难一下，大人物对他的采访既期待又害怕。

此外，编辑们还选出了一部分读者来信和广告，刊登在报纸上。

总之，每一期报纸，既有精彩好看的新闻报道、另类幽默的名人访谈，又有轻松搞笑的卡通漫画、五花八门的宣传广告……翻开这本书，就如同亲身穿越神秘的上下五千年。

希望大家在读完这份报纸后，能更真切地了解中国五千年的历史，并能从中习得经验和教训，获得知识、勇气和快乐，让我们的穿越工夫没有白费。

目 录

第❶期 隋文帝开皇之治

【烽火快报】 陈后主枯井被捉，隋文帝君临天下 13
【天下风云】 给一名武将的回复→当皇帝的绝不能带头浪费→我是天下百姓的父亲 14
【八卦驿站】 隋文帝喝茶治头痛→巧匠何稠，难道有特异功能？ 21
【名人有约】 特约嘉宾：杨坚 23
【广 告 铺】 《卢武阳集》新鲜出炉→热烈庆祝半里香茶馆隆重开业→大兴城大兴土木，拟造一级皇都 25

第❷期 毁誉参半隋炀帝

【烽火快报】 杨广"有德有能"，"赢"得皇位 27
【天下风云】 科举制，读书人的福音→京杭大运河顺利竣工→隋炀帝游江南→隋炀帝亲自打通丝绸之路→隋炀帝二征高句丽，杨玄感起兵造反→给隋炀帝的一封回信 28
【八卦驿站】 隋炀帝偶作一诗，被认为是亡国之兆→李密牛角挂书，宰相刮目相看 38
【名人有约】 特约嘉宾：杨广 40
【广 告 铺】 拆迁启事→寻人启事→招领白瓷花瓶 42

第❸期　风起云涌的隋末农民起义

【烽火快报】	一首诗歌，拉开农民起义的序幕……………………… 44
【天下风云】	轰轰烈烈的瓦岗起义→河北起义军如火如荼→昔日的仆人，今日的阎王→不知何去何从的皇后……………………… 45
【八卦驿站】	王世充出尔反尔，坑杀三万起义军……………………… 53
【名人有约】	特约嘉宾：宇文化及……………………… 54
【广 告 铺】	寻求帮助→寻求同伴→出售先帝亲笔御书……………………… 56
【智者为王】	智者第1关……………………… 57

第❹期　李渊建唐

【烽火快报】	李渊称帝，宇文家族悲剧收场……………………… 59
【绝密档案】	揭秘李渊与表哥的恩恩怨怨……………………… 60
【天下风云】	惊心动魄，大唐王朝的统一战争→开国皇帝的烦恼→兄弟决战玄武门……………………… 63
【八卦驿站】	坐卧三天，只为研习书法……………………… 69
【名人有约】	特约嘉宾：李渊……………………… 70
【广 告 铺】	出售六扇屏风→胡服专卖店开张啦→寻人认亲……………………… 72

第❺期　唐王朝的第一次鼎盛——贞观之治

- 【烽火快报】唐太宗不计前嫌，唯才是举 …………………………………… 74
- 【天下风云】创业难还是守业难→唐朝灭亡东突厥→最佳拍档——"房谋杜断"→魏征墓碑被推，主谋是谁？→西游17年，玄奘法师终于取回真经 …………………………………………………………………… 75
- 【新闻广场】《二十四功臣图》惊艳面世 ……………………………………… 85
- 【八卦驿站】敢说实话的魏征→贤惠的长孙皇后 ……………………………… 86
- 【名人有约】特约嘉宾：李世民 ………………………………………………… 88
- 【广　告　铺】招聘助译20名→找导游→寻牛启事 …………………………… 90

第❻期　一代女皇武则天

- 【烽火快报】赔了女儿当皇后 …………………………………………………… 92
- 【绝密档案】曾经的驯马妃子，如今的皇后 …………………………………… 93
- 【天下风云】给长孙无忌的一封回信→帝王风水轮流转，明年到我女儿家→以牙还牙，请君入瓮→"国老"狄仁杰 …………………………………… 95
- 【新闻广场】《滕王阁序》——王勃的旷世绝唱 ……………………………… 104
- 【八卦驿站】一篇讨武檄文，竟引来武则天的称赞 …………………………… 105
- 【名人有约】特约嘉宾：武则天 ………………………………………………… 106
- 【广　告　铺】大量供应平价官盐→招生启事→悬赏令 ……………………… 108
- 【智者为王】智者第2关 ………………………………………………………… 109

第 7 期　唐朝的第二次鼎盛——开元盛世

- 【烽火快报】昔日的同盟战友，摇身一变成了对头 ……………… 111
- 【天下风云】救时宰相姚崇→人力无法抗拒天灾吗？→长了脚的春天→一个贤相，一个奸相→天下奇闻——抢来儿媳做老婆 ……………… 112
- 【八卦驿站】柳公权的师傅原来是无臂老人→李白在宫中都干了啥 ……………… 122
- 【名人有约】特约嘉宾：李隆基 ……………… 125
- 【广 告 铺】皇家拔河大赛→巧三娘缝衣店隆重开业→谁说胖子不美？漂亮胖妹也选美 ……………… 127

第 8 期　安史之乱

- 【烽火快报】安禄山叛变了 ……………… 129
- 【绝密档案】叛将安禄山的发家史 ……………… 130
- 【天下风云】潼关失守，长安岌岌可危→贵妃魂断马嵬坡→古有草船借箭，今有草人借箭→给贺兰进明的一封回信→叛军内讧，郭子仪收复两都→李光弼大败史思明 ……………… 132
- 【八卦驿站】肃宗被活活吓死→张打油的打油诗 ……………… 144
- 【名人有约】特约嘉宾：杜甫 ……………… 146
- 【广 告 铺】求名家题字→铺面转让→越窑青瓷，诚意制作 ……………… 148

第 ❾ 期　复兴梦难圆

【烽火快报】	李辅国遇刺，皇上偷着乐？	150
【天下风云】	社稷之臣郭子仪→郭子仪单骑退回纥→德宗削藩困难重重→给颜真卿的一封回信→胡作非为的五坊小儿	151
【八卦驿站】	刘禹锡和《陋室铭》→驸马打公主，皇帝丈人气量大	161
【名人有约】	特约嘉宾：李诵	163
【广 告 铺】	招割麦工人→平民马球赛即将开始→册封诏令	165
【智者为王】	智者第 3 关	166

第 ❿ 期　宪宗武力削藩

【烽火快报】	顺宗真是病死的吗？	168
【天下风云】	宪宗削藩，李愬突袭蔡州→宦官横行，宰相忧心→唐宪宗迷上了长生术→染坊工人大闹皇宫	169
【新闻广场】	会作诗，"居"也容易	178
【八卦驿站】	柳宗元凿"龙脉"→唐穆宗骗字	180
【名人有约】	特约嘉宾：李纯	183
【广 告 铺】	飞钱飞钱，让您出门更方便、更安全→窦家店开张大吉→给裴度的感谢信	185

第⑪期　甘露之变与牛李党争

【烽火快报】	甘露之变，官员惨遭宦官屠杀 …… 187
【天下风云】	被坏人诬陷，我该怎么办→揭秘宦官们是如何专权的→武宗灭佛，引来佛门浩劫→持续四十年的牛李党争 …… 189
【新闻广场】	党争夹缝中的诗人李商隐 …… 194
【八卦驿站】	皇帝的女儿也愁嫁 …… 196
【名人有约】	特约嘉宾：李忱 …… 197
【广　告　铺】	拆佛寺令→购买桂管布者请提前预订→杖毙乐工罗程 …… 199

第⑫期　黄巢起义，朱温灭唐

【烽火快报】	皇帝太昏庸，迎佛也没用 …… 201
【天下风云】	私盐贩子王仙芝自称大将军→冲天大将军，力透长安城→朱温灭宦官，杀昭宗→给唐朝最后一个皇帝的回信 …… 202
【八卦驿站】	端午节为什么要插艾草 …… 209
【名人有约】	特约嘉宾：黄巢 …… 211
【广　告　铺】	不许替庸医求情→《金刚经》首次印刷成功→吉祥客栈隆重开业 …… 213
【智者为王】	智者第4关 …… 214
【智者为王答案】	…… 215

第❶期

〖公元581年—公元604年〗

隋文帝开皇之治

穿越必读▶

　　五胡乱华后，隋文帝成功地统一了分裂两百多年的中国，隋唐实行的三省六部制一直沿袭到清朝。在他的统治下，百姓富裕，政治安定，创造了一个辉煌的"开皇之治"。东突厥尊称杨坚为"圣人可汗"。

　　隋朝是继秦朝、汉朝之后建立的第三个大一统王朝，虽然只存在了38年，但它开启了隋唐盛世之门，是历史上最伟大的王朝之一。

烽火快报

陈后主枯井被捉，隋文帝君临天下
——来自长安的加密快报

公元589年正月初一这一天，杨坚（即隋文帝）不顾严寒，派出数路大军，一举突破固若金汤的江防，暗渡南陈的天然屏障——长江，向南陈的都城建康（即南京）发起猛攻！

陈兵无力抵抗，纷纷丢下兵器，举手投降。昏庸无能的南陈后主陈叔宝从景阳宫后门仓皇逃走，躲进花园的一口枯井中，不过还是被眼尖的隋军发现，把他从井中拽了出来。

就这样，陈后主被俘，南陈彻底灭亡。

对于南陈被灭这一事件，老百姓有的认为这是陈叔宝花天酒地，亲小人、远忠臣的结果。那些忠臣们不是被他贬为平民，就是被打入死牢，谁还愿为他守江山呢？

也有的人认为，从东汉末期开始，除了西晋短暂繁荣外，中国数百年来，一直处在四分五裂中。到了南陈时期，不仅烽火连年，灾荒、疾疫频频发生，经济更是跌入万丈深谷。天下分久必合，出了个隋文帝统一天下，是大势所趋。

不管怎样，让我们一起举杯庆贺吧，南北朝乱糟糟的大分裂时代，从此结束了！一代帝王隋文帝将带领我们步入一个崭新的时代！

来自长安的加密快报

给一名武将的回复

编辑们：

你们好！

我是一名武将。在我13岁的时候，一个人就打死过一头猛虎。想必现在你们已经猜到我是谁了。

虽然我是个武将，但我非常爱读书，在打仗的时候，也比较讲究谋略，所以打了不少胜仗。后来，我还跟皇上一起灭了南陈，亲手抓住了陈后主。

但是，与我一同作战的那位将军非常嫉妒我，经常与我争功夺利，令我十分不爽。

尽管我不是小肚鸡肠之人，但那位将军的确太过分。有一次，为了加官获赏，他竟然在皇帝面前与我争执起来。我一时气恼，就据理力争。结果我们俩都给皇上留下了不好的印象。

为了这事，我吃不香，睡不着，希望你们能够开导开导我。

某武将

某武将：

您好！

您一定是隋朝第一名将韩擒虎吧，久仰大名啊。我们都知道，您是一位以胆识和谋略而著称的大将军。您与贺若弼将军的一些事，我们早有耳闻。

当年你抓住陈后主的时候，贺若弼将军还在攻城呢！因为这件事，贺若弼将军对您很不服气，几次与您争功，甚至还拔刀相向。不过，我们认为，您读书多，见识广，在官场上也应该大度一点儿。谁的功劳大，皇帝心里自有一杆秤，根本就没有必要争执，更没有必要跑到皇上面前去争，太有失大将风度了。

不过，将军您放心，就算皇上对这件事有些不开心，但照样会重用您。毕竟，皇上需要的正是像您这样不可多得的将才啊！相信您是最棒的！

报社编辑

当皇帝的绝不能带头浪费

隋文帝杨坚非常关心人民的疾苦。在称帝以前,他就经常去民间走访,四处了解民情。知道百姓痛恨君主腐败和暴虐后,他就在心里暗暗发誓,如果做上了皇帝,一定要做一个明君,反腐败,打击贪官。

后来,杨坚当了皇帝,就对大臣们说:"我不担心别的,就怕百姓不满意我的统治,所以我必须时刻提醒自己,要注意节俭,把国家治理好,

难得一见的好皇帝啊!

这样，百姓们才会拥护我。"

隋文帝身边有个人叫陈召，听说他学识渊博，隋文帝就问他："作为一国之君，最需要明白的是什么道理呢？"

"勤能兴家，廉可富国。"陈召答道。

隋文帝听了，连连点头，并请来书法家柳泉青写下这八个字，装裱后挂在书斋的墙上，用来提醒自己。

有一次，隋文帝得了痢疾，太医为他配止痢药，但宫中连一两胡椒粉都没有。又有一次，隋文帝的侍女想找两条编织的衣领给他，但宫中也没有。而文帝常用的一套车马用具，也是在修修补补中，用了长达7年。

有一回，隋文帝乘车去宫外体察民情，可在路上车坏了。有个叫周巡的州官得到消息后，就亲手用梨木做了两辆车，一辆给文帝，一辆留给自己。给文帝的车做得非常精美扎实，周身都雕刻着龙凤图案。

后来，文帝听说做这辆车需要很多上等梨木，当场就把周巡训斥了一顿："我那辆车只要修一修，就可以重新上路了。你这车虽好，但花费太多，我们大隋还不富裕，我这个当皇帝的，绝不能带头浪费呀！"

紧接着，隋文帝就将那个周巡贬了职，并把那两辆车拿来展示给其他人，警示官吏们不可做有损百姓利益的事情。

我是天下百姓的父亲

因为崇尚俭朴，隋文帝对贪官毫不留情，他前后发起18次反贪污运动。规模最大的一次，就连三皇子杨俊在内的十多名皇亲国戚，也没能幸免。

杨俊生性仁慈，崇尚佛教，甚至曾经还想出家当和尚，只是隋文帝没有答应。后来，杨俊在灭陈的战争中立了功，文帝对他大加赞赏，并给他加官晋爵。但从那以后，杨俊就渐渐变得奢侈起来。

杨俊多次违反法令，向别人放高利贷，甚至指使手下人敲诈勒索，不少官员和百姓被他害得倾家荡产。文帝发现后非常生气，下令查办杨俊。这次被牵连受罚的人就有一百多人。

文帝以为从此以后，杨俊会收敛一点儿。谁知杨俊

变本加厉，大肆修建豪华的宫殿。有时候，他还根据自己的想法，拿各种珠宝装饰宫殿，将名贵的香料涂抹于墙壁，用美玉砌成台阶，还在四面墙壁上镶满了镜子。客人到来后，杨俊就在这里和他们一起饮酒作乐。

文帝知道后气坏了，罢免了杨俊所有的官职，让他待在自己的王府里好好反省。将军刘升劝文帝说："秦王（杨俊）只是奢侈浪费了一点儿，又没有犯什么大错，您就饶了他吧。"

文帝却认为法令不能违背。所以刘升越劝他，他就越生气。

大臣杨素也来劝他："秦王是犯了错，但您的惩罚太重了，请皇上再考虑一下吧。"

文帝说："难道我只是五个儿子的父亲，不是天下百姓的父亲吗？依你们所说，我是不是要给皇子们专门制定一部法律呢？"

杨俊知道父亲这次是来真的了，心里非常害怕，不久害了一场大病，连床都起不了。于是,他派了个使者去向文帝请罪，却又被文帝责骂了一顿回来。

杨俊心里更害怕了，病情一天比一天严重，终于在一年之后病死了。在杨俊的葬礼上，文帝只哭了几声。他下令将杨俊所有的奢华物品全部烧掉，就连葬礼上的用品也要尽量节俭。

秦王府的人想给杨俊立一块碑，文帝说："要在历史上留名，在史书里记一笔就行了。如果子孙们守不住家业，就算立了碑，也只能被后人当作镇石。"

百姓茶馆

铁匠小赵

皇上执法公正，仁慈博爱。他上台后，就废除了周朝那些严酷的刑罚，比如宫刑啊，五马分尸啊，灭族啊，还减去了81条死罪呢。

前些天，皇上下令在全国各地设立仓库，仓库分官仓和义仓两种，官仓用来作粮食转运、储积，义仓则用来救济百姓。这下子，我们这些穷苦百姓再也不愁没饭吃啦！

屠夫老杨

是呀，听说大的粮仓可以存几千万石粮食，小的粮仓可以存几百万石粮食。只要把这些粮仓装满，足够全国人民吃上几十年啦！

老杨的儿子小杨

隋文帝喝茶治头痛

隋文帝是个不爱享乐的人。可是，凡是见过文帝的人就都知道，他经常是一杯浓茶不离左右，这是为什么呢？这个原因来自一件相当怪诞的事。

一天夜里，文帝做了一个噩梦，梦见有位神人把他的头骨给换掉了。醒来以后，他就患上了头痛病。后来，有个大头和尚告诉他说："城外的山上有一种茗草，将它煮汤来喝，您的头痛病就可以痊愈了。"

听了僧人的话，文帝连忙派人找来这种草，喝下去以后，果然非常见效。从此以后，朝中的文武百官和宫外的平民百姓，都竞相效仿。这种茗草，就是现在十分流行的饮品——茶叶。

在南北朝时期，北魏人不喜欢饮茶，而偏爱奶酪，所以戏称茶为"酪奴"。现在，隋文帝一统江山，并以帝王之尊爱茶，茶也就不再被鄙视为"酪奴"了。其他地方的百姓，也都纷纷爱上了喝茶，不少人还开起了茶馆。

原本隋文帝喝茶只是为了治病，却在无意中为茶文化的传播立了大功呢！

巧匠何稠，难道有特异功能？

前不久，波斯国进献了一件特别华美的金绵锦袍给隋文帝，文帝非常喜欢，便命何稠仿制一件。结果何稠仿制的那件，竟然比原物还精美！

说起何稠，认识他的人，都对他赞不绝口。他从小就聪明伶俐，善于制造工艺品。著名的行殿与六合城，就出自他的那双巧手。

什么是行殿呢？它就是一种可以移动的宫殿，实际上，它的样子就像一辆大车，有四个轮子，可以灵活地移动，有三丈那么高，里面十分宽敞。

六合城，也叫六合殿，是何稠为行军发明的活动木城。有了六合城，每当打仗的时候，队伍走到哪里，就可以在哪里住下来，十分方便。

最近，何稠又在为宫廷大量制造琉璃。很多人不相信他能做出来，因为制造琉璃的方法已经失传很久了。可他不但做出来了，而且做得和以前的琉璃没什么两样。至于他用的是什么材料，你也绝对想象不到，是绿瓷！

怎么样？这样的能工巧匠，你听了他的故事，是不是也惊叹不已呢？其实很早就有人怀疑，这何稠是不是有特异功能，不然怎么会这么厉害呢？

不是谁都可以的！

名人有约

特约嘉宾：**杨坚**

身份：隋文帝

大：大嘴记者　**杨**：杨坚

大：您好，您的到来真是令我们报社蓬荜生辉呀！

杨：客气，客气。

大：面对您这样的大人物，我还真有点儿紧张。这样吧，您先喝杯茶，我们再来做正式采访，怎么样？

杨（端起茶杯，一饮而尽）：好的。

大：居然不怕我下毒！果然是干大事儿的人！一点儿都不像当年北周的武帝那么多疑。听说当年，武帝宇文邕（yōng）为了考察您对他到底有没有威胁，还曾请星相家赵昭偷偷为您看过相，是吗？

杨：那是他弟弟齐王宇文宪派人干的。那小子跟我一向不大和睦。不过赵昭是个大善人，他说我相貌平常，顶多混个三流官员。

大：那齐王应该不会这么轻易就相信了吧？

杨：当然啦，不只是齐王，还有一些大臣都说我有帝王之相，想除掉我。不过武帝和我已经结了亲家，他还需要我去辅助太子，不愿意杀我。

大：武帝怎么这么糊涂呢？

杨（狡猾地笑了）："伴君如伴虎"啊。他今天不想杀，说不定明天又想杀了。所以我一透露自己想出宫做官的意思，宇文邕就命我为扬

名人有约

州总管,把我打发了。这下,我脖子上这颗脑袋才算保住了。

大:宇文邕真是英明一世,糊涂一时啊。结果还是您取代了北周,当上了皇帝。

杨:看来确实是老天爷想助我一臂之力的。

大:嗯,运气不错。不过,您灭西梁、南陈,再平江南,这可不是运气啊。到目前为止,我们大隋的疆域比以往大了许多,而且耕地面积十分宽广,没什么荒废的农田,这全是您的功劳啊!

杨:过奖,过奖。

大:对了,皇上您不是汉族人吧?

杨:谁说的?我当然是汉族人啦!只不过我的祖先因为对鲜卑有功,被赐了一个鲜卑族的姓——普六茹。但是我更喜欢汉姓——杨,所以我当上皇帝后,就恢复了汉姓。

大:那您会在全国推行汉族文化吗?

杨:我已经这么做了啊。这些年战火连天,好多汉书都在战争中丢失、焚毁。我看着心疼啊,就下了一道诏令,民间百姓献一卷图书,朝廷就赏一匹绢。这样多多少少也拯救了一些书籍。

大:难怪现在皇家的藏书量那么大。看来您是个非常有远见、有智慧的好皇帝,老百姓能有您这么个好君主,一定会越来越幸福的。

杨:让百姓幸福是我的终极目标,只是现在似乎还没有达到。

大:不急,咱们慢慢来。好了,本期采访到此结束了,再次感谢您的参与。亲爱的朋友们,咱们下次再见吧!

广 告 铺

《卢武阳集》新鲜出炉

《卢武阳集》由"八米卢郎"卢思道竭诚巨献,里面收录了他的代表作《鸣蝉篇》《劳生论》《从军行》等经典作品,他的诗气势不凡,语言流畅,对仗工整,善于用典。喜欢"八米卢郎"的读者朋友,可千万不要错过哦!

洪福书斋

热烈庆祝半里香茶馆隆重开业

半里香茶馆环境优雅,设施一流,而且茶品种多样,有菊花茶、金银花茶、夏枯草茶等。这些茶可以降火、润喉、清肝明目,为绝佳饮品。当您觉得疲惫或者无聊的时候,约上三五个朋友,来这里喝茶、听音乐,绝对是一流的享受噢。

半里香茶馆

大兴城大兴土木,拟造一级皇都

经过多年的战乱,长安城残破不堪,再加上空间狭小,几百年来河中污泥沉积,城中的饮水供应已成了难题。

隋文帝决定放弃长安城,命当代有名的设计大师宇文恺在它的东南方再建新城——大兴城,全城大体为长方形,由宫城、皇城和外郭城三部分组成。低洼地带则开渠引水,挖掘湖泊,既增添城市的水域与景致,也可解决用水问题。

本工程宏伟壮阔,不敢说后无来者,但绝对是前无古人。如果你有非凡的建筑才华,想为这一伟大的建筑增光添彩,请加入我们的建筑队伍。

大兴城建筑筹备会

第❷期

〖公元604年—公元618年〗

毁誉参半隋炀帝

穿越必读 ▶

　　隋炀帝杨广是隋朝的第二任皇帝，也是历史上名声最差的皇帝之一。在位期间，他修建大运河，营造洛阳城，开拓疆土，畅通丝绸之路，开创科举制度，但在立下非凡政绩的同时，也给人民带来了沉重的负担，落得一世恶名。

烽火快报

杨广"有德有能","赢"得皇位
——来自大兴城的加密快报

公元604年,隋文帝的第二个儿子杨广(史称隋炀帝)继了位。很多人说,那个会写诗词歌赋,性格宽厚,有什么说什么的太子杨勇怎么会输给杨广呢?

其实,这也怪不得杨勇,因为杨广实在是太会"演戏"了。

隋文帝不是提倡勤俭持家嘛?杨广便脱下华贵的衣服,穿上粗布衣;还把筝弦弄断,表示自己很讨厌玩乐。独孤皇后不是痛恨用情不专的男人嘛,杨广就与妻子同出同入,假装十分恩爱。

而太子杨勇呢,不但喜欢讲排场,穿漂亮衣服,还妻妾成群。

两个儿子一比较,隋文帝与独孤皇后就认为"太子品性顽劣,广儿却有德有能",便废掉了杨勇的太子之位,改立杨广。

其实,那些华美的衣服、漂亮的女人,很多都是杨广每次从宫外悄悄送给太子杨勇的呢!可怜的太子丝毫没有防范,不仅一概收下,而且毫不遮掩。他哪是杨广的对手呢?

不过,演戏这种事,就算是影帝,也是不能演一辈子的。相信杨广很快就会露出他荒淫奢华、阴狠毒辣的真面目。

来自大兴城的加密快报!

科举制，读书人的福音

"演技派皇帝"杨广即位后，开始大力推行"科举制"。简单地说，就是采用分科考试的方法来选拔人才。通过科举考试的人，不论贵贱，都能当官。

对于读书人来说，这绝对是个大好消息。因为在隋朝之前，实行的是九品中正制，官员一般都是从各地名门权贵的子弟中选拔。那些"官二代""官三代"，不管有没有才华，都能轻轻松松地获得官职；而那些出身寒门的读书人，想要做官，比登天还难。

现在好了，按考试成绩选择人才，不管你是出身豪门还是寒门，只要有真才实学，就有机会当大官。

与文帝时简单的分科考试不同，这次正式开设了进士科。"进士"就是指通过最后一级考试，可以进授爵位之人。

而最后一级考试，主要考的是时事论文，由皇帝亲自考核。中国有句俗语叫文如其人，一篇文章往往可以反映作者的人品和思想。皇帝会根据考生们的文章择优录取。

尽管，朝廷采用科举制的主要原因，是为了把选拔官吏的权力收归中央，加强中央集权。但不管怎么说，这是个新鲜大胆的创举，也是一件值得永载史册的大事情。

京杭大运河顺利竣工

隋炀帝杨广继位后，马上迁都洛阳，并在洛阳建造了一个新都——东都。负责这件事的人是著名设计大师宇文恺（kǎi）。

宇文恺摸透了隋炀帝追求奢侈的心理，把工程使劲地往大里弄。每月征召200万民工，日夜不停地干活。工程所要的高级木材石料，都从大江南北运过来，据说一根柱就要用上千人拉。

另外，他们还在洛阳西面建了个大花园，取名叫西苑，专门供隋炀帝玩赏，园内有人工湖，有假山，有亭台楼阁，还有奇花异草。到了冬天，万木凋零，他们就用彩绫剪成花叶，把树装饰起来，远远看去，花园里还是一片欣欣向荣的春天景象。

与此同时，隋炀帝命人开始了京杭大运河的挖建工作，首先是开通济渠，同时改造邗（hán）沟。之后的5年里，又开通了永济渠和江南河。最后，将钱塘江、长江、淮河、黄河、海河连接起来，这样就形成了一条南北贯通，长达二千多公里的大运河。

这个宏伟的工程用了多达500万名民工，前后耗费了6年的时间，可以说京杭大运河是无数劳动人民的心血。

有关专家声称，京杭大运河对我国南北之间的经济、文化发展，以及沿线地区的工农业发展，都起到巨大的积极作用。还有人认为，这是一项可以与万里长城比肩的伟大工程，隋炀帝比秦始皇的功劳还要大。

隋炀帝游江南

通济渠刚完工,隋炀帝便带着一二十万人的"超级旅游团",迫不及待地从洛阳出发,浩浩荡荡地朝江南开进了。

消息一传开,人们不禁有些纳闷,这么多人怎么来啊?别担心,炀帝早准备好了。他和皇后所坐的龙船分别有四层高,船上有上百间镶金饰玉的房间;紧跟在后面的是后宫妃嫔、诸王、公主、大臣们的上千艘彩船;更后面的几千条大船,载的是卫兵。这些船加起来有上万条,船头接船尾,连起来有两百多里长。

这么大的船,怎么行驶啊?这个也不用担心,早有人为炀帝打算好了。两岸是柳树成荫的御道;八万多名民工负责拉纤;还有两队骑兵夹岸护送。

可以说那段时间,大运河白天是彩旗飘飘,画舫罗列,绵绵不绝;到了晚上,灯火通明,鼓乐喧天,要多繁华有多繁华。

据官方宣称,皇上这次南下,不

是为了游玩享乐,而是因为刚刚收服江南,为了表示他对江南的重视,所以亲自前来考察,同时还对当地的官兵和百姓进行慰问和安抚。

但有些百姓却怀疑,隋炀帝根本就不是来考察的,而是为了显摆皇帝的威风。他发动众人开挖运河,也不是为了千秋功业,而是方便自己四处游玩。

隋炀帝经过哪里,哪里的百姓就要遭殃。他们不仅要被派去给炀帝拉纤,还要将家里好吃的好喝的,以及钱财献出来,供皇帝和随行的官员享用。

隋炀帝一路"巡查"过来,自认为很威风,实际上浪费了无数粮食和人力,百姓已经在心里将他臭骂了几百遍。

隋炀帝亲自打通丝绸之路

公元609年,隋炀帝率大军从京城长安出发,浩浩荡荡地前往河西走廊的张掖郡。据官方宣称,皇上这次出行,绝对不是游山玩水,而是有要事在身。

据了解,隋炀帝这次西巡要半年时间,而且意义重大。出发前,炀帝亲口表示,他希望通过这次游历,进一步巩固包括甘肃、青海、新疆等在内的大西北地区,作为国家不可分割的一部分的地位。

听了这一番慷慨陈词,有人认为,这证明他是个开明、有作为的君主。不过也有人说,他这么做不过是好大喜功,想引得万方来朝。

值得隋朝子民骄傲的是,作为皇帝,到过西北这么远地方的皇帝,目前只有隋炀帝一人。隋炀帝到达张掖后,西域27国君主和使臣纷纷前来朝见,表示臣服。隋炀帝还在那里举行了一场盛大的万国博览会,令人叹为观止。

返回途中,队伍遭到强烈暴风雪的袭击,隋炀帝受了轻伤,其他士兵有大半被冻死,还有的人被冲散了。一路上,大家狼狈不堪,吃尽了苦头。

一代帝王亲自打通了丝绸之路,堪称壮举。由于路途遥远,报社没有派专人随行采访,相比之下,万分惭愧,在此对炀帝表示无尽的敬意和崇拜。

隋炀帝二征高句丽，杨玄感起兵造反

自从公元612年一征高句丽（gōu lí，位于我国吉林一带的古国）中了对方埋伏，战败而归后，隋炀帝很不甘心。这不，才过了一年，就开始二征高句丽了。可惜，人算不如天算，这时他的后院着了火——杨玄感起兵造反了！

杨玄感是宰相杨素的儿子。杨素曾经协助隋炀帝登上皇位，是隋朝数一数二的大功臣，隋炀帝因此对杨素心怀猜忌。在杨素去世时，隋炀帝扬言说："即使杨素不死，我也总有一天要灭他的族！"

杨玄感知道了，深感不安，便决定先下手为强。

这次出征，杨玄感在黎阳负责督运粮食。当他发现全国几乎到处都是起义军，觉得机会来了，就扣押了粮食，开始起事。

这时，他的好朋友李密给他出了三条计策："如果北据幽州，就可以切断隋炀帝的后路，这是上上之策；如果向西进入长安，控制潼关地区，这是中策；但要是就近攻打洛阳，胜负难测，这是下策。"

杨玄感听了，哈哈大笑说："你的上策正是下策，满朝文武百官都在洛阳，如果我们能一举攻下，就可以动摇杨广的整个基业。"于是，他否定了李密的计谋，向洛阳进攻，并渐渐疏远了李密。

杨玄感勇武过人，每次战斗都冲在最前面，再加上他治军有方，将士们都乐于为他效忠，所以军队战斗力很强，起初打了几场胜仗。有人就趁机劝杨玄感称帝。

李密说："以前陈胜、曹操想称王，劝阻他们的人都遭到疏远。我现

在想劝你，可又怕重蹈他们的覆辙。如果顺着你的意去奉承，又不是我的本意。现在我们虽然屡战屡胜，但还是有很多人不服，我们要做的，应该是早定关中，怎能急着称帝？"

这时，隋炀帝已经挥师南下，对杨军形成了反包围的攻势。杨玄感久战不胜，接受了这个建议，率军西进，准备夺取关中。

哪知军队来到弘农宫时，弘农太守杨智积大骂杨玄感。杨玄感被激怒，于是停下来围攻弘农宫，结果三天都没有攻下来，耽误了时间，被后面的追兵追了上来。

杨玄感边战边退，一天内打了三次败仗，最后见大势已去，就让弟弟杀了自己。而他的兄弟不是战死，就是被擒杀，只有李密从乱军中逃走了。

天下风云

给隋炀帝的一封回信

编辑们：

你们好！

不管你们对我是爱是恨，我都要告诉你们我的真实姓名，我就是杨广本人。

自即位以来，我为百姓们做了许多有意义的事情，费了不少心血。老百姓非但不感激我，还纷纷揭竿起义，这使我悲恸不已。

不就是修大运河多花了点儿劳力，打仗多消耗了点儿人力、物力吗？这都是为了老百姓的千秋万代着想啊！而现在，自从王薄领导了长白山（今山东省章丘、邹平境内）起义后，各地也陆续爆发了大大小小的起义，将矛头对准了我。这些愚蠢的人啊，我真不知道说他们什么好。

我希望你们报社发挥朝廷喉舌的作用，为我说句公道话。我与我的72位夫人将不胜感激。

杨广

皇上：

您好！

您在信中说，老百姓很愚蠢，不明白您的良苦用心。我们不这样认为。大伙儿拥戴一个皇帝是为什么？还不是因为皇帝能让百姓过上幸福安宁的日子。

可是自从您上台后，百姓不是今天要去修运河，就是明天要上战场。修运河的，累死累活，还没工钱拿，家里的妻子儿女饿得嗷嗷叫，上战场的，时时刻刻都有横尸沙场的危险。这是为百姓谋福利、办实事吗？

我们对您的建议是，请不要再大兴土木，发动战争了，多多关心一下百姓的生活，为百姓办几件实实在在的、看得见的、用得着的大好事，来平息百姓们心中的怨恨吧。

报社编辑

百姓茶馆

东村口王大刀: 要说杨广还真够百折不挠的,居然第三次征讨高句丽!碰到这种皇帝,高句丽恐怕不输也得掉半条命吧?

小兵丙: 这狗皇帝,难道就不知道,自从上两次失败后,我们将士们可没有一点儿心情,也没有精力继续打了,征服高句丽难道有这么重要吗?我看是吃力不讨好,劳民又伤财!

李老先生: 杨广多爱面子啊,你想想,他造了那么大的排场游江南,怎么能允许自己败在小小的高句丽手下呢?皇帝要面子,老百姓遭殃啊!恐怕这个隋朝命不长了!

高句丽翻译官: 我们高句丽早被你们皇帝整怕了,我们国家小啊,哪经得起他这么折腾?前不久已经给贵国递上了投降书,这下杨广面子捞着了,满意了吧!

隋炀帝偶作一诗，被认为是亡国之兆

最近，扬州一带流行一首歌，据说还是隋炀帝亲自填的词。是什么样的歌词令大伙儿这么"感冒"呢？

原来，开通运河之后，隋炀帝乘龙舟在扬州一带游玩。一日，他面对滔滔江水和水中穿梭的游鱼，忽然诗兴大发，脱口念道："三月三日到江头，正见鲤鱼波上游。意欲持钓往撩取，恐是蛟龙还复休。"

虽然诗的文采不高，但隋炀帝念完，竟越来越得意，于是把它交给乐工，让随行的宫女齐声合唱。

这时候，河边走过来一个学识渊博的人，他听到宫女们唱的歌，惊讶不已，说这首诗很不吉利。

因为此时，"鲤"与"李"同音，依照诗中的说法，那姓李的人以后不是会化龙夺位吗？

照此说法，隋朝江山将面临着巨大威胁，请大家提前做好准备。

真好听啊！

李密牛角挂书，宰相刮目相看

给杨玄感出谋划策的李密，原是蒲山郡公李宽的儿子。父亲死后，他在宫中当了个小侍卫。有一次，在值勤的时候被隋炀帝看到了，觉得他目光异于常人，就罢了他的差使。

李密回到家后，并没有灰心丧气，而是发愤读书，决心要做个有学问的人。

一天，他骑着一头大黄牛，出门看朋友。为了充分利用时间，他把《汉书》挂在牛角上，一边赶路，一边抓紧时间读书。

正好宰相杨素坐着马车从后面赶过来，看到前面有个少年在牛背上读书，杨素便大声招呼说："那个书生，你怎么这么用功？"

李密转过头，认出对方是宰相，慌忙跳下牛背，作了个揖，报了自己的名字。杨素问他："原来是故人之子。你在看什么书？"李密回答："是《项羽传》。"

杨素觉得这孩子很不错，有理想有抱负，就跟他亲切地交谈了一番，并让自己的儿子杨玄感跟他成了好朋友。

名人有约

大嘴记者

特约嘉宾：杨广

身份：隋炀帝

大：大嘴记者　**杨**：杨广

大：您好，欢迎百忙之中抽空来到《名人有约》。（定睛一看）哇！原来皇上还是个大帅哥呢！

杨：马马虎虎，对得起全国观众就好。

大：听说您从小爱好诗文，而且很会作诗，请您现场来两句怎么样？

杨：嗯，那个……一行两行三四行，五行六行七八行。想破脑袋搜尽肠，无词无语无文章。

大（**鼓掌**）：呵呵！不错！我听说，您刚满20岁的时候，就被拜为兵马都讨大元帅，率领51万大军南下攻取陈朝。您当时有把握吗？

杨：把握不大，只是胆子大。

大：哈哈！一个把握不大、年龄也不大、胆子倒挺大的大元帅，带着51万大军，气势汹汹地冲到陈国，一举拿下了陈后主。好不威风！

杨：其实陈后主不是我亲手抓的，是我部下的韩擒虎将军抓的。

大：哦……真是可惜呀！

杨：可惜不是我？

大：呃……不，我是说，韩擒虎将军这次擒的可不是老虎，而是一只病猫。

杨：哈哈哈！这昏君还的确像只病猫。

大：您继位之后，就将都城迁到洛阳去了。文帝的大兴城不是挺好吗？您为什么决定迁都洛阳呢？

杨：洛阳自古以来，就被多个朝代定为国都，是个特别有历史气息的城市。而且它的位置也特别好，水源也很充足，是帝王建都的理想之地。

大：哦，原来是这样。我听外面有人说，您开通京杭大运河是为了去杭州看琼花，这传言靠谱吗？

杨：百分百不靠谱！我开通这条大运河，是为了百姓交通便利，以及我去江南安抚新归属的各地，增进南北往来，促进经济发展。

大（坚决不相信，但不敢表现出来）：嗯……这个……您的话我个人表示深信不疑。

杨：如果其他人都像你这么明智，这天下也就没有傻子了。

大（这是赞我，还是骂我）：……据说为了开挖这条运河，许多工人由于双脚长期泡在水里，导致皮肉模糊，甚至长了蛆虫，这个……是真的吗？

杨（急，使劲摇头）：没有，没有，没有，我以皇帝的人格担保，这绝对是空穴来风。这儿可真热呀！

大（嘀咕）：如果真没有，您为什么急成这副样子呢？心虚了吧？（递过一张手帕）来，擦擦。

杨（不停擦汗）：记者表现得不错，待会赏你百两白银！

大：这是我应该做的，无足挂齿。这里似乎太热了，看来这节目无法继续进行了，这期的采访就到此结束吧！朋友们，下期再见！

广告铺

拆迁启事

前不久，大运河开挖至京口一带，所以，原居住在京口琼山与白水之间的居民，现已全部搬迁到黑鸦岭居住，特此声明。望前来走亲戚或找人办事者，提前绕道而行，以免影响运河工程。

京口衙门宣

寻人启事

家有小儿，年方十九，长得虎头虎脑，非常懂事。两年以前，小儿被官兵召去修运河，从此杳无音信，至今不见归来。

家中老母身患重病，现茶饭不思、辗转难眠，很想见小儿一面。有知道小儿下落者，请尽快与报社联系。

李家夫人

招领白瓷花瓶

今天早上，有人在赵州桥附近，捡到一个白瓷花瓶。花瓶胎质坚硬、色泽晶莹，上边还绘着栩栩如生的图案，可以说是白瓷中的精品。至于是什么图案，这里暂不公开。请丢失白瓷花瓶的主人，速来领取。

本报社

第 ❸ 期

〖公元611年—公元618年〗

风起云涌的隋末农民起义

穿越必读

　　隋朝末年，赋税劳役异常繁重，农民饥寒交迫，不得不揭竿起义。长白山、瓦岗、河北、淮南等地，都陆续爆发了大规模的农民起义。虽然到最后，这些起义均以失败告终，但它们动摇了隋朝的统治根基，从此，隋王朝开始面临崩溃的局势。

烽火快报

一首诗歌,拉开农民起义的序幕
——来自长白山的加密快报

公元611年,隋炀帝准备出兵高句丽。他大肆征调兵士、粮草,建造大量的军船,把河北和山东作为出征集结地。

可这时的山东灾荒严重,老百姓无家可归,哪有什么精力去打仗?

这时,山东邹平有个叫王薄的人,在长白山宣布正式起义,还作了一首诗,名为《无向辽东浪死歌》,号召人民抵制出征,吸引了很多志同道合的农民前来参与。

短短一年间,起义队伍发展到好几万人,打了好几次胜仗。但没过多久,隋炀帝就派兵将起义军镇压了下去。

不过,这次起义的星星之火,已经形成燎原之势,迅速地在全国蔓延开来。隋朝在山东的地方官府也被一把大火烧了个精光。

其他农民起义军纷纷表示,不怕流血,不怕牺牲,坚决要跟隋炀帝这个暴君斗争到底。

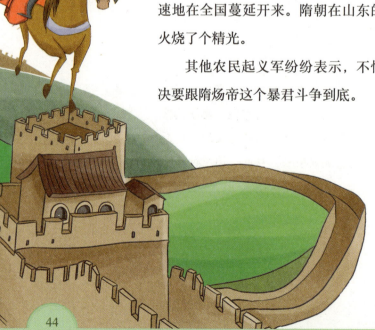

来自长白山的加密快报!

轰轰烈烈的瓦岗起义

公元611年的一天,有个叫翟让的人,因为得罪了上司,被打进监牢,判了死罪。主管监牢的狱吏佩服他的才能,便偷偷砸了镣铐,想私自放他走。

刚开始,翟让不愿连累狱吏,不肯走。狱吏大怒说:"我敬你是条好汉,为了黎民百姓才不顾性命将你放出去,你以后能够成就一番事业,就算是报答我了。"

翟让逃出监牢后和一帮兄弟朋友来到瓦岗(今河南省滑县南),组织了一支队伍,名字叫瓦岗军,准备起义。当地的一些青年也都陆续前来投奔,就连李密也跑来投奔他了。

这时,翟让手上已经有了一万多人马,但他不大相信自己能推翻隋朝。李密就跟他说:"当初刘邦也只是个普通老百姓,不照样推翻了强大的秦王朝吗?现在皇帝残暴无德,得不到百姓的支持。而官兵大多远在辽东,只要我们拿下洛阳和长安,隋朝就完蛋了!"

冲啊!

天下风云

翟让一听高兴极了："说得对，就按你说的办。"

他们经过一番商量，决定先从荥（xíng）阳下手。隋炀帝赶紧派镇压起义军的老手——张须陀前来镇压。翟让曾经被他打败过，心里有些打鼓。

李密说："张须陀这人狂妄自大，打败他并不难。"李密让翟让前去诱敌，自己领着人马埋伏在荥阳北边，张须陀果然上当了。没过多久，起义军就将隋军一网打尽，张须陀也在战斗中被杀了。

从那以后，李密在起义军中的威望大大提高了。后来，起义军又攻下了隋朝最大的一个官仓——兴洛仓，并把仓中的粮食分给百姓，得到了百姓的拥护。

翟让觉得自己远远比不上李密，就把起义军领袖的位置让给了他。起义军一路打来，攻下了很多郡县，大批隋朝官兵向他们投降。眼看他们打到洛阳，就要取得最后的胜利了，此时起义军内部却出现了矛盾。

原来，翟让将领袖的位置让给李密后，他手下有一些将领很不满，常常在翟让面前发牢骚。翟让呵呵一笑，没当一回事，可李密知道后，心里很不爽。

李密摆了一桌宴席，请翟让过来喝酒。大家喝得正高兴的时候，李密拿出一把好弓让翟让试，翟让刚刚拉开弓弦，就被早埋伏好的刀斧手砍死了。

从那以后，瓦岗军军心大散，实力一天不如一天。

后续报道

公元618年，瓦岗军被隋朝大臣宇文化及和王世充的军队夹击，打了个大败仗，后来投降了唐朝。

河北起义军如火如荼

自公元611年以来,农民起义风起云涌,席卷全国。其中窦建德领导的农民军也是这一年开始起义反隋。

窦建德原本是清河漳南的一位普通农民,年纪轻轻就很有侠义心肠。

有一次,乡里有户人家死了人,可他家里贫穷,没钱安葬。窦建德正在田里耕种,听说了这件事后,就把自己的耕牛送给了那户人家,让人家拿去卖钱安葬亲人。因为这件事,窦建德很受乡里人敬重。窦建德父亲死的时候,乡里送葬的竟有一千多人。

当渤海蓨(tiāo)县(今河北省景县)的高士达率领起义军到达漳南一带时,到处烧杀抢掠,唯独不骚扰窦建德所在的村落。于是,官府怀疑窦建所在德与起义军勾结,竟然将他全家都杀了。

窦建德悲愤之下,带着两百多人来到高鸡泊,投奔了高士达,势力很快就发展到了一万多人。

窦建德与士兵们同吃同睡,士兵们都愿意为他效力。高士达知道自己比不上窦建德,就大大方方

地把大权交给了他。窦建德没有辜负高士达的期望,很快就打响了这支起义军的名头。

隋炀帝派杨义臣来清剿这支起义军,窦建德见隋军士气正盛,就劝高士达避开锋芒,以逸待劳。可是高士达不听劝阻,留下窦建德驻守,亲自率兵出击,结果兵败被杀。

杨义臣没有把窦建德放在眼里,得意扬扬地回去了。窦建德领着剩下的兵马回到故地,一边为高士达发丧,一边招募兵马,卷土重来。原本起义军看到隋朝的官员,都一律杀掉了事,但窦建德不同,他尽量将这些官员争取过来,为自己效力。

因此,附近很多隋朝的官员,纷纷投奔了他。窦建德的队伍,也一下子发展到了十多万人。

公元618年,窦建德在乐寿称王,建立了大夏政权。

后续报道

夏国刚刚建立的时候,窦建德勤俭治国,国力蒸蒸日上。可是一段时间后,窦建德就变得刚愎自用起来,夏国逐渐走向衰败。公元621年,窦建德向唐朝投降,夏国灭亡。

百姓茶馆

某私塾先生

听说,杜伏威、辅公祏(shí)在齐郡起义了,最近就要南下,到达我们江淮地区啦。

当铺李老板

真的吗?那我得准备些好酒好菜,好好招待一下这支队伍。不知道那些士兵有没有马骑,要是没有的话,我顺便把家里那匹老马给他们牵过去当坐骑,只要他们不嫌弃。

船夫小郭

听说,杜伏威还训练了一支5000人的敢死队呢,叫什么"上幕"。每次遇到难打的仗,或是大仗,杜伏威就让"上幕"出马。"上幕"出马,一个顶俩,哈哈!

某猎手

"上幕"出马,怎么可能一个顶俩?我看以一敌十还差不多。杜伏威赏罚分明,士兵要是背后中箭,就按逃兵处置,格杀勿论;每次获得战利品,杜伏威全部赏赐给部下。你说,这样一支军队,能不打胜仗吗?

昔日的仆人，今日的阎王

公元618年，隋王朝大势已去，只有洛阳和江都两地苟延残喘。隋炀帝却依然过着醉生梦死的生活，只是夜里睡觉的时候，常常被噩梦惊醒。

有一次，大业殿突然起火，隋炀帝以为有人造反，急忙逃往西苑，藏到了草丛之中，直到大火被扑灭，才灰溜溜地跑了回来。

一天，大醉后的他对着镜子叹气："我这么好的头颅，谁会有幸砍掉它呢？"

这一天没有让他等太久。

隋炀帝的禁卫军眼看隋朝就要完蛋了，在宇文化及的带领下，将行宫重重包围。

杨广看到是自己最亲信的禁卫军包围了自己，伤心地质问："就算我对不起天下百姓，我也没有对不起你们！你们为什么要这样对我？是谁带的头？"

对方立刻回了一句："普天同怨，何止一人呢？"

杨广无话可说，只好解下衣带，让令狐行达把自己勒死了。

说来也巧，被俘的陈后主在公元604年病死时，杨广赐给陈后主一个贬称——"炀"，嘲笑陈后主一生花天酒地，荒疏政务，最终落得个亡国被俘的下场。但他万万没想到，有一天，"炀帝"这个丑名竟然也会落到自己头上！

天下风云

不知何去何从的皇后

编辑们：

你们好！

我自幼命运多舛（chuǎn），虽然身为南梁的公主，但因为出生在二月，被父母认为不太吉利，从小寄养在贫穷的舅父家里，吃尽苦头。

后来，由于我的生辰八字和当时的晋王杨广相合，被隋文帝选上做了晋王妃。

初入隋宫的时候，我才9岁多一点。文帝和独孤皇后都很喜欢我，王爷也对我很好。独孤皇后很讨厌对自己发妻不好的男人（父皇也只有她一个妻子），因此很欣赏王爷。

没想到，王爷当上皇帝后，整个人就变了样，不仅广纳美人，还大肆修建都城、运河，生活特别奢华。我屡次劝说皇上不要如此铺张，可他就是不听。

现在，他死了，我一个弱女子，该何去何从呢？

心乱如麻的萧皇后

萧皇后：

您好！

我们都知道，您是一位贤淑且心胸宽广的好皇后。杨广种种令人发指的行为，是您无法阻止的。因此，您没有做错什么。

如今，杨广已经为他的所作所为付出了代价，只可怜留下皇后您孤孤单单一个人。我们对此表示深深的遗憾。但请您不要太悲伤，因为这样一个人不值得您过多悲伤。

虽然现在农民起义军个个都痛恨隋朝，但他们怨恨的只是隋炀帝，而不是您。所以，我们相信起义军应该不会伤害您的。

人生的道路还很漫长，希望您能重新振作起来。加油！

报社编辑

（不久传来消息，突厥可汗的妻子，也就是萧皇后的小姑，将萧皇后接到了突厥生活。）

王世充出尔反尔，坑杀三万起义军

提起王世充这个人，吴郡的百姓是又恨又怕，为什么？

农民起义在进行得如火如荼的时候，江都附近出现了三支起义军队伍。这三支队伍联合起来，占领吴郡后，就让首领刘元进当了皇帝，并分封了文武百官。

隋炀帝一看坏事了，赶紧派了两名将军去镇压。可是这年头，起义军实在太多了，两个将军天天打仗，连喘口气的工夫都没有，所以隋军将起义军围困住后，就向皇帝请求休息一下再打。

隋炀帝却怀疑这两名将军图谋不轨，撤了他们的职，派王世充去继续攻打。王世充很快就把起义军打败了，刘元进战死了，他的余部散落在吴郡各地，做起了强盗。

为了消灭这些余部，王世充装模作样找了个黄道吉日，对起义的老百姓许愿说："只要义军向朝廷投降，本将军绝不为难你们。"

起义的都是些淳朴老百姓，哪里知道王世充这人阴险狡诈，于是纷纷前来投降，前前后后一共来了三万多人。

哪知王世充却出尔反尔，可怜那三万多名起义军，因为误信了这个卑鄙小人，全部被生生地活埋了。

名人有约

身份：隋炀帝近臣

大：大嘴记者　宇：宇文化及

大：你好，欢迎做客《名人有约》。
宇：哈，想不到我也能接受采访！

大：现在天下你最有名，谁叫你得了隋炀帝那颗好头呢？
宇：那狗皇帝早该死了，我们早看他不顺眼了，人人得而诛之！

大：可我听说隋炀帝对你一家挺不错的，你这样对他不太厚道了吧？
宇：厚道？厚道值几个钱？不就是我因为收了点儿不该收的钱（其实是多次受贿），被他爹罢官，他护了我一下吗？这也算大恩大德？

大：那你当年违反朝廷禁令，与突厥人做买卖，他也饶了你啊！
宇：说起那事就有气！那次要不是我弟媳南阳公主求情，他早杀了我。最后虽然没杀我，却把我赐给我父亲（宇文述）当奴隶。儿子给父亲当奴隶，可笑吧？

大：可他后来念着跟你的旧情，又让你官复原职了。你还不满意啊？
宇：人往高处走，水往低处流。只要我上头还有人，我就不会满意。

大：好大的野心！难怪要造反，听说禁卫军开始没想过要造反，是你弟弟怂恿的？

宇：那帮人没出息，开始只想小打小闹抢点儿东西回家乡。我弟弟就跟他们说，既然闹了，就闹大一点儿。守着这么个烂摊子，还不如把摊子掀了，万一走了狗屎运，得了天下，要什么有什么啊！

大：这帮人还真听话。

宇：可造反这么大的事，总得有个头啊！别看我这个人平常耀武扬威的，其实啊，胆子特小，经不住他们一再劝说，心一横，就这么干了！

大：那你后来有感到不安吗？

宇：有什么不安的？自古以来弱肉强食，胜者为王。隋朝的天下不也是隋文帝抢来的吗？再说，要不是皇上（隋炀帝）搞得天下大乱，我还在当我的"轻薄公子"，逍遥自在，才懒得起义呢！

大：我记得你好像是鲜卑族人，对吗？

宇（展示自己的肌肉）：对，我们鲜卑族是来自北方的一个游牧民族，族人个个健美无比。

大（装作没看见）：现在隋炀帝死了，你下一步打算怎么做？

宇：当然是对付农民起义军啦！你说，那些农民不好好在家里种田，起什么义，真是吃饱了撑的！好了，我最近忙得很，没空跟你瞎扯了。

大：……农民起义怎么是吃饱了撑的，是吃不饱才起义的。好吧！行，你忙，再见！

广　告　铺

寻求帮助

我是山东的一名农妇，由于隋炀帝杨广三征高句丽都从我们这里抽劳力，现在我家上至60多岁的老父，下至12岁的儿子，都积劳成疾，卧床不起，再加上没有糊口的粮食，导致我们一家生活非常困苦。

如果有好心人能出点儿口粮，帮助我家摆脱困境，哪怕做牛做马，我也甘心。

山东一农妇

寻求同伴

前一段时间，隋朝的皇帝派了上万军队来到我们流求（今台湾地区），并把几千名居民带回了中原，我的两个哥哥就在其中。我很担心哥哥们，想去中原找他们，并打算3天后乘船出发。有想和我一起去寻找亲人的，请跟我联系。

阿呆

出售先帝亲笔御书

《春江花月夜》二首是先帝（隋炀帝）最著名的作品之一，现在本人手里有这两首诗的原本。先帝已经驾崩，他亲笔写的作品，以后想求也求不到了。欢迎各位贵人前来购买。

杨姓商人

智者第 ❶ 关

1. 隋朝的开国皇帝是谁?
2. 杨坚原本是南北朝时期哪个国家的臣子?
3. 隋文帝是一位节俭的皇帝吗?
4. 隋文帝统治时期百姓生活富裕,政治安定,被称为什么?
5. 隋炀帝杨广的主要功绩有哪些?
6. 隋炀帝几次出征高句丽?
7. 隋炀帝的"炀"字有什么含义?
8. 宇文化及是哪个少数民族的人?
9. 隋炀帝杨广是被谁杀死的?
10. 隋朝末年,各地农民起义此起彼伏,其中最著名的是哪次?
11. 隋朝末年,河北起义军的首领是谁?
12. 科举制度是从哪个朝代开始的?
13. "八米卢郎"指的是谁?
14. 瓦岗军的结局是什么?
15. 在牛角上挂书,用功学习的人是谁?

智者无敌 王者为大

第 4 期

〖公元 618 年—公元 626 年〗

李渊建唐

穿越必读 ▶

一轮又一轮的农民起义后，隋朝将领李渊趁势从太原起兵，短短一年，就攻占了长安，推翻了隋朝。作为大唐的开国皇帝，他统一了全国，奠定了290多年的盛唐霸业，算得上是一个功业卓著的有为帝王，但他最后却被儿子李世民"请"下皇位，令人深思。

李渊称帝，宇文家族悲剧收场
——来自长安的加急快报

公元618年5月，隋朝大将李渊废掉了隋炀帝的孙子杨侑，即隋恭帝，自己安心做起了皇帝（即唐高祖），改国号为唐。

对此，多数百姓表示理解。他们认为，皇位只适合有能力的人做，希望新皇帝能让大家摆脱困境，建立一个美好的家园。

再说宇文化及兵变后，自己想当皇帝，又怕人讨伐，就立了隋炀帝的侄儿杨浩为帝，并封自己做大丞相。

洛阳的王世充等人听到消息，立刻在5月立隋炀帝的孙子杨侗为帝，并派兵讨伐宇文化及。

宇文化及屡战屡败，手下将士也不断叛变。他知道自己必败无疑，就叹了一口气说："反正左右是死，不如死前当皇帝过过瘾。"于是他毒死了杨浩，自己称帝，定国号为"许"。

只可惜，他的帝位还没坐热乎，就被窦建德活捉，送上了断头台。曾经辉煌的宇文家族，就此以悲剧收场！

来自长安的加急快报！

绝密档案

揭秘李渊与表哥的恩恩怨怨

唐朝建立后,很多人不明白,这李渊是哪里杀出来的黑马?他又是怎么当上皇帝,开创新王朝的呢?

说起李渊,他的来历可不简单。他是独孤皇后的外甥,也是隋炀帝的表哥,而他的妻子窦氏,是北周静帝的表妹。

很小的时候,由于父母双亡,他就被独孤皇后接到宫中生活,7岁被封为唐国公,十分受宠。不过,因为他一直支持太子杨勇为帝,为人又比较木讷,杨广一直看他不顺眼。

杨广即位后,有一次,李渊因为生病没有上朝。隋炀帝知道了,竟然问:"病了?会不会死啊?"

李渊听了,倒吸了一口凉气,这分明是希望自己死啊。

公元617年,农民起义如火如荼,全国反隋大军就有100多支。隋炀帝就把李渊派到太原去镇压农民起义。这时,太原北面的突厥趁机来捣乱。李渊派高君雅和王仁恭同突厥作战,遭到失败。隋炀帝下令逮捕李渊,处斩王仁恭。但过了不久,隋炀帝又遣使者收回成命,让李渊官复原职。不过经过这件事,李渊心中已经起了反隋起义的念头。

这时,他的二儿子李世民趁机劝说父亲造反。思来想去,李渊真的造起了反。

小子,你咒我死!

他以抵抗突厥为名,招兵买马,仅仅十多天的时间,就招募到了一万多人马。然后他又派人去突厥可汗那里讲和,得到了突厥的帮助。

李渊自称大将军,长子李建成和次子李世民分别为左右领军大都督,刘文静为司马,带领3万人马离开太原,向长安进军。

一路上,李渊继续招兵买马,并打开官仓发粮给贫民。这样一来,应募的百姓就更多了。

唐军一路向西挺进,在关中农民军的配合下渡过黄河,20多万大军围攻长安,长安城很快被攻破。李渊把隋炀帝13岁的孙子代王杨侑找来,将他立为天子,这样,远在江都的隋炀帝就成了太上皇。

巧的是,36年前,隋文帝杨坚杀掉李渊妻子的表哥北周静帝,36年后作为隋炀帝表弟的李渊,又把隋炀帝逼到了绝路上。

天下风云

惊心动魄，大唐王朝的统一战争

唐朝建立后，国内还是四分五裂，起义军和隋朝残余将领割据各地，与唐朝对抗。而唐朝在关中最大的威胁，就是王世充。当年王世充在洛阳立杨侗为帝后，没多久就把他废了，自己当起了皇帝，国号为"郑"。

公元620年，唐高祖派李世民进攻洛阳。李世民一出马，河南很多州县纷纷向他投降。很快，唐军就将洛阳包围了。

唐军日夜不停地攻城，从秋天一直打到第二年春天。将士们都打累了，向李世民建议说："王世充死守洛阳，我们一时半会儿也攻不下来，不如回长安休整休整再来打吧。"

李世民说："洛阳已经是一座孤城，早晚会攻下来，为什么要半途而废？传我命令，不攻下洛阳，绝不退兵！"

王世充被攻得够呛，只好向夏国的窦建德求援。窦建德收到求援信后，马上领着30万大军，大张旗鼓地朝洛阳出发了。

唐军一看这架势，有些害怕，有人主张暂时撤退。但有人对李世民说："王世充的兵力还是很强的，只是被我们围困得久了，缺乏粮草。他一旦有了窦建德的支援，我

们就别想攻下洛阳了!"

李世民觉得很有道理,就把弟弟李元吉留下来继续攻打洛阳,自己领着3000名精兵,去武牢关堵截窦建德。

窦建德领着大军到了武牢关后,一点儿也没把李世民放在眼里。他拉开一个阵势,就向唐军冲了过来。

李世民见了,笑着对部下说:"这个窦建德,以前没遇到过强大的对手,所以骄傲轻敌。我们等着吧,等他们的士兵疲劳了,我们再进攻。"

夏军的阵势从早上摆到中午,不过却连唐军的人影也没见着。士兵又累又渴,一个个瘫倒在地上,有的还跑到河边喝水去了。

李世民趁机派人向夏军发起猛烈进攻,自己则亲自带领一支队伍,杀向夏军的后方,高高举起唐军的大旗。

夏军被打了个措手不及,再朝后一望,营地也被唐军占领了,哪里还有心思打仗,一个个拔腿就逃。窦建德也在战乱中被俘虏了。

打败窦建德后,李世民回到洛阳继续攻城。王世充眼看大势已去,就出城投了降。

从这以后,唐军基本上统一了中原、河北一带,接着又平定了江南。公元624年,隋末以来的分裂割据局面终于结束,唐朝基本统一全中国。

开国皇帝的烦恼

编辑好：

如今天下统一，四海升平，可我最近却很烦恼。

我和结发妻子一共生了四个儿子：老大李建成、老二李世民、老三李玄霸和老四李元吉。老三命苦，16岁就死了。剩下的3个儿子都是跟着我打天下的。尤其是老二李世民，他战功最多，能力最突出。如果让他来继承我的皇位，那是最好不过的。

可是，在立太子方面，自古以来都是立长不立幼。所以我让老大李建成做了太子，封老二李世民为秦王，老四李元吉为齐王。

老二对这个结果很不满。最近，我听宠妃们说，他表现得越来越差了。我想他是不是在故意气我呢？

李渊

皇上：

您好！

我们听说，您曾经向李世民承诺过，只要他打了胜仗，就立他为太子。可是现在，您怎么违背了自己的诺言呢？

就像您说得那样，论能力、论魄力，李世民都是当太子的最佳人选。听说，大唐为了统一全国，进行了六场大战役，其中有四场是李世民指挥的，而且全部获得了胜利。您有一个这么有本事的儿子，真是让人羡慕啊。

那些宠妃的话，您最好不要听。我听说，她们曾经向李世民索取隋宫的珍宝，还想给自己的亲戚谋官，但都被李世民拒绝了。所以我猜，她们是故意抹黑李世民呢。

如果您是在向我们征求建议呢，那我们力挺李世民，当然，最终的决定权还是掌握在您的手里。祝您早日摆脱烦恼！

报社编辑

兄弟决战玄武门

李渊当上皇帝后,立长子李建成为太子。可李建成心里清楚得很,二弟李世民各方面都比他强得多,他又妒忌又害怕,生怕保不住自己太子的地位,就和四弟李元吉勾结起来,一起排挤李世民。

这时,边疆传来书信,说北方有突厥来犯。按照惯例,应该是李世民担任统帅出征。但李建成却向父亲建议,让李元吉代替李世民出征。

原来,李建成想趁这个机会调开李世民身边的将士,再除掉这个心腹大患。

但是,李建成的阴谋还没来得及实施,李世民就得到了消息。

于是,李世民先下手为强,当天晚上就跑进皇宫,向父王告状,说大哥和四弟想谋害自己。李渊非常生气,召李建成和李元吉第二天进宫质问。

李建成见阴谋已经败露,干脆一不做二不休,打算进宫逼父王表态。

李世民知道,他们一定会走玄武门进宫,所以他买通了玄武门所有的守卫,让一百多名士兵埋伏在这里,等着李建成、李元吉自投罗网。

李建成和李元吉骑着马刚走到临湖殿,发觉情况不妙,掉头就跑。可这时已经晚了,李世民和一百多名士兵杀气腾腾地追了过来。李元吉一边跑一边回头望,他拈弓搭箭,向李世民连射了三箭,可是由于太过慌乱,一箭也没射中。李世民却冷静地拿起弓箭,一箭就射中了李建成。

在一片混乱中,李世民的马受了惊,跑进丛林里,而他的衣服又被树

天下风云

枝挂住了。在不远处的李元吉立刻奔过来,想用手中弓弦勒死李世民。就在这千钧一发的时刻,大将尉迟恭大喝一声,一箭射死了李元吉。

没多久,太子和齐王的人赶到,与李世民的人在玄武门外展开了一场激烈的战斗。混战中,有人叫着要去攻打秦王府。李世民的人一听紧张起来,因为秦王府没有设防,非常容易受到攻击。

就在这时,尉迟恭快速将李建成和李元吉的人头高高举起,大声喊道:"太子和齐王已经死啦!你们还在为谁卖命!"太子和齐王的人一看,吓得魂飞魄散,知道继续战斗下去也没有意义了,立刻四散而逃。

接着,尉迟恭跑到李渊面前,向他禀告说太子和齐王领兵造反,已经被秦王杀了。李渊惊得目瞪口呆,但是也没有办法,只好宣布了李建成和李元吉的死罪。两个月后,李渊将皇位让给李世民(史称唐太宗),自己做了太上皇。

百姓茶馆

货郎小赵

天啊,李世民为了争夺皇位,连自己的亲兄弟都杀,真是太心狠手辣了!而且我还听说,太上皇本来没打算退位,是李世民用武力胁迫他让位的。而且现在,太上皇已经被李世民囚禁起来了。

太上皇有没有被囚禁,这事我不确定,但我知道,玄武门之变后,李世民立马把大哥的五个儿子,还有四弟的五个儿子全都杀了,以除后患。

某理发店学徒

某镖师

唉,自古以来,兄弟之间争权夺位、互相残杀的事多了去了,这没什么好奇怪的。再说,是李建成和李元吉谋害李世民在先,他们也算是咎由自取。

宫里的事情,我们这些小老百姓管不着。只要新皇上关心百姓、为百姓多办几件好事就行啦!

茶农老魏

坐卧三天，只为研习书法

欧阳询是我国著名的书法家。他从小就聪颖好学，博览群书，而且特别喜爱书法，几乎达到痴迷的程度。

有一次，欧阳询骑马外出，突然在道路旁看到一块石碑，上面刻的是晋代书法名家索靖的书法。刚开始，他觉得索靖的字写得平平，虚有其名；骑马离开没几步，他又忍不住回过头来，觉得字写得还不错，算是一个书法家；然后，他又仔仔细细地看了一番，竟为之倾倒，反复揣摩、比画，不知不觉在石碑旁待了三天三夜！

早在隋朝的时候，欧阳询的书法就已经誉满天下，人人都想得到他的书法，来作为自己习字的范本。到了唐朝，他的书法更是炉火纯青。

遥远的高丽也听说了他的大名，特地派使者来长安求取时，他的好友唐高祖李渊笑道："没想到欧阳询的名声，竟然大到连远方的夷狄都知道了。他们看到欧阳询的笔迹，一定以为他是位彪形大汉吧，哈哈！"

名人有约

身份：唐高祖

大：大嘴记者　**李**：李渊

大：皇上您好。您只用了一年多的时间，就建立了大唐王朝，我对您的敬仰如滔滔江水，连绵不绝啊！

李：这是时势造英雄啊，也没什么的。

大：您真是谦虚。一个成功的男人背后必定有一个成功的女人。听说您的夫人窦皇后也不是一般人啊。

李：她母亲是周武帝的姐姐，所以她是周武帝的外甥女。

大：呀，那她和隋朝不是有不共戴天之仇吗？

李：对呀。当年隋朝取代周朝的时候，她说："我只恨自己不是男子，不能为舅舅家扫除祸患。"

大：真有气魄，果然不是寻常女子。民间传说她刚出生头发就长过脖颈，3岁的时候，头发就和身高一样长了。这是真的吗？

李：这个，我也没见过。那时候我还不认识她呢。不过，这应该是谣传，她的头发长得没那么邪乎。

大：那你们是怎么认识的呢？

李：我老丈人觉得他这个闺女不一般，所以在招女婿的时候，就想了个不一般的办法。他叫人在门屏上画了两只孔雀，谁要是能用两箭各射中一只孔雀的眼睛，就把女儿嫁给他。

大：结果被您射中了，对吧？看来您的箭法很不错啊！请问窦皇后嫁给您后，有没有劝您推翻隋朝呢？

李：有，而且不止一次两次，只可惜她走得早，还没等到那一天就去世了。

大：唉，请您节哀。我想问您一个不受欢迎的问题。杨侑被您废掉后，降为了希国公，闲居长安。可是不久他就死了，他是病死的还是被害死的？

李：当然是病死的（你问错对象了吧）。

大：好吧，咱们不谈论这个话题了。听说，皇上您喜欢儒家学说，对吗？

李：没错，像《周易》《左传》《礼记》《尚书》这些书，大家都应该好好读一读，你也要多读读。

大：好的，皇上。今天的采访就到这里了，非常感谢您的参与，再见。

广告铺

出售六扇屏风

　　本人手上有大量六扇屏风出售，上面不仅有当代名家的画作，还有大书法家欧阳询亲手写的诗。买一个屏风回家，装点你家的大厅、卧室，马上彰显你不一样的贵族气质。欢迎广大贵族前来购买。

王二和

胡服专卖店开张啦

　　胡服是当今最流行的女装之一。为了满足广大女顾客的需求，我们专门开了一家胡服专卖店，店中所有款式都是当下的流行款。女子穿上胡服后，既方便，又有男儿的英气。大家还犹豫什么，赶快来购买吧。

胡服专卖店

寻人认亲

　　经历了多年的战乱，我终于回到了故乡。但故乡却已化成一堆废墟，屋舍统统倒塌，地里长满野草。更为糟糕的是，亲人们一个也不见了。

　　虽然我为军队立下了汗马功劳，得到了许多奖赏，但现在却无人分享，还有什么比这种事更让人沮丧的呢？

　　亲爱的父老乡亲、兄弟姐妹们，无论你们身在何地，如果看到这则广告，请速与我联系，让我们一起携起手来重建美好的家园吧！

张大通

第 5 期

【公元 627 年—公元 649 年】

唐王朝的第一次鼎盛
——贞观之治

> 李世民是中国最著名的政治家和明君之一。他汲取隋朝灭亡的教训，知人善任，虚心纳谏，轻徭役，减赋税，休养生息，同时平定东突厥，派文成公主与吐蕃(bō)和亲，促进了民族交流和发展，创建了一个国泰民安的"贞观之治"。

穿越必读

唐太宗不计前嫌，唯才是举
——来自长安的加密快报

玄武门之变后，太子和齐王的旧臣的命运会怎样呢？人们不能不为他们捏一把汗。这不，马上有人向秦王李世民打小报告，说太子手下有个叫魏征的人，曾经劝说太子杀掉秦王李世民。

李世民叫人把魏征找来，沉着脸问他："你为什么要在我们兄弟之间挑拨离间？"

魏征不慌不忙地回答："太子当初要是听了我的话，也不会落得现在这个下场。"

李世民见魏征敢说实话，不像那些只会拍马屁的大臣，对他很是欣赏，就没有追究他的责任。

李世民（即唐太宗）登基后，让魏征做了谏议大夫，还任用了一批李建成和李元吉身边的旧臣。秦王府中跟随李世民多年的官员很不服气，纷纷在背地里抱怨。

唐太宗听了，笑着说："朝廷任用官员是为了治理国家，怎么能跟谁关系好，就提拔谁当官呢？"

那些官员听了，这才无话可说。

因为唐太宗不计前嫌，唯才是举，国家很快就涌现出大批优秀的人才。

来自长安的加密快报！

创业难还是守业难

编辑老师：

你们好！

我是当今皇帝李世民。前几天，我和大臣魏征、房玄龄讨论一个问题，那就是创业难还是守业难。

房玄龄认为创业难。他说："我们大唐王朝创立时，跟天下许多豪杰进行了较量。大家拼得你死我活，这才有了唐朝的江山，这才使天下人向唐朝称臣。"

魏征却认为守业难。他说："自古以来，帝王都是在艰难的时候夺得天下，但却在安逸的时候失去天下。"

我觉得两位大臣说得都有道理，编辑们认为呢？

唐太宗李世民

皇上：

您好！

房玄龄跟您一起打天下，历经大大小小上百场战争，几乎是九死一生，所以从他的角度来看，是创业难。

魏征与您一起治理天下，他怕您在安逸的生活中滋生骄傲的情绪，从而疏于防范，导致祸乱发生，所以他认为守业难。

如今，创业的艰难已经过去了，而守业的艰难才刚刚开始。您是一位英明的帝王。是创业难，还是守业难，我们相信，现在您自己心中已经有了答案。

报社编辑

天下风云

唐朝灭亡东突厥

唐太宗刚即位,突厥的颉(xié)利可汗就发动20万大军,向唐朝进攻。太宗亲自领着大军,来到渭水河畔与突厥军对峙。最后,为了避免两败俱伤,唐朝和突厥签订了渭水之盟。

从此以后,唐太宗加强了对军队的训练,没几年就练出了一批精兵。

公元629年,唐太宗决定先下手为强,派李靖、李勣(jì)等四大名将率领10万大军,向东突厥发起进攻。

公元630年,李靖领着3000名精兵,连夜突袭突厥营地——定襄。颉利可汗见唐军"从天而降",惊慌失措,说:"这一次,唐朝一定是调动全国的兵马来攻打我们。不然,李靖绝不敢偷袭。"

于是,唐军还没开打呢,突厥自己就先乱了。趁这个机会,李靖又派人打入突厥内部,成功说服颉

往哪跑!

站住!

利的一个心腹将领投降，接着把颉利打得落荒而逃。这时，李勣也在白道（今天的内蒙古自治区呼和浩特市西北）和突厥大战了一场，取得了重大胜利。

颉利逃到阴山以北后，赶紧派使者向唐朝求和。唐太宗一面派人去安抚他们，一面却派李靖去察看颉利的动静。

李靖和李勣在白道会师后，一起商量着怎么对付突厥。李靖说："颉利虽然打了败仗，但手下的人马依旧不少。如果这次让他逃跑，以后想抓他就难了。不如我带一万多名精兵和20天的干粮前去袭击，把他活捉回来。"

李勣非常赞成，于是和李靖领着两支军队，悄悄来到阴山。颉利知道唐军前来攻击的消息后，吓得赶紧骑马逃跑了。突厥群龙无首，乱成了一锅粥。在这次战争中，唐军一共消灭了一万多名突厥兵，并俘获了许多牲畜。

颉利带着几个亲兵逃啊逃，一直逃到一个荒山里面，最后被部下抓住交给了唐军，接着被押送到长安。

就这样，曾经强大的东突厥被唐朝消灭了。原东突厥人民表示，愿意永远臣服于大唐天子的统治之下。

最佳拍档——"房谋杜断"

在李世民还是秦王的时候，房玄龄和杜如晦就跟着他了。当初的玄武门之变，就是他们俩策划的。唐太宗继位后，这两个人成了太宗的左右宰相，朝廷的典章制度都由他俩制定。

房玄龄和杜如晦两个人齐心协力，共同辅佐皇帝治理国家。房玄龄的计谋比较多，而杜如晦更擅长选择计谋。所以每次讨论国家大事，房玄龄一定要等杜如晦来了，才做出最后的决断。因此，民间就有了"房谋杜断"的说法。

这两个人除了是左右宰相，同时还身兼数职。比如，房玄龄兼任了国史的编撰管理工作；杜如晦则兼任吏部侍郎。有些大臣很不满：官位就这么多，他们俩总不能全部占了吧，于是向唐太宗提出抗议。

唐太宗却说："我让他们身兼数职，并不是因为他们是我的旧臣，也不是因为他们立下过大功，而是他们的确能胜任这些工作。"

可惜，李世民即位后才四年，杜如晦就病逝了，终年46岁。唐太宗依然常常记挂着他。有一次，唐太宗吃到一个特别香甜的瓜，就留了一半，叫人祭奠杜如晦。

还有一次，唐太宗赏给房玄龄一根银色的腰带，马上想起杜如晦，就让房玄龄给杜如晦家捎一根。但唐太宗听说鬼魂怕银色，就用一根金色的腰带代替了。

魏征墓碑被推，主谋是谁？

一代名臣魏征去世后，百姓们纷纷对他表示了深切的怀念。然而不久，京城传来一个令人震惊的消息，魏征的墓碑被人推倒了！是谁吃了熊心豹子胆，竟敢推倒他的墓碑？

据说魏征的长子魏叔玉非常气愤，还放出话来，说等抓到这个肇事者后，一定要狠狠地教训他一顿。

魏叔玉跑到唐太宗面前，一把鼻涕一把泪地控诉，请求他为自己主持公道。奇怪的是，唐太宗却气定神闲地端着一杯茉莉贡茶，不发一言。

魏叔玉碰了一鼻子灰，只好回去委托官府派人调查。官府不敢怠慢，出动了京城全体名捕，轰轰烈烈展开了调查。可调查结果让人大跌眼镜：主谋不是别人，正是唐太宗！

魏叔玉只好打落门牙往肚子里吞，就当这件事情从来没有发生过。

唐太宗为什么要推倒魏征的墓碑呢？大家记得魏征刚死的时候，唐太宗还当场痛哭流涕地说："我失去了一面镜子啊！"那场面十分感人。现

在魏征死了才半年,唐太宗怎么就翻脸不认人了呢?

记者又经过一番调查,终于使真相浮出水面:原来,前一段时间有人谋反,唐太宗便开始对身边的大臣疑神疑鬼,虽然魏征已经死了,但唐太宗还是认为,魏征虽然看起来老实,背地里一定在结党营私!

没多久,就有人说,魏征活着的时候,经常将为皇帝提意见的书稿给史官看。唐太宗听了非常生气,认为魏征是在故意博取清正的名声,就废除了衡山郡公主和魏叔玉的婚约。他躺在床上怄了整整一夜的气后,第二天早上就命人将魏征的墓碑推倒了。

不过,唐太宗跟高丽打了个败仗后,想起魏征的好处,又感叹着对大臣说:"如果有魏征在,他一定会阻止我犯这个错误。"之后他又命人将魏征的墓碑立好了。

西游17年,玄奘法师终于取回真经

公元645年的一天,整个长安城极为热闹。人们纷纷涌上街头,翘首以盼。不久,城门口出现了一位和尚。和尚刚刚露面,人群立刻欢呼着奔涌过去。这是哪里来的和尚,竟然受到如此高规格的待遇?

原来,这个和尚法名玄奘。17年前,他就到过一次长安。那时,他跑遍了长安城的各个寺庙,找人探讨佛学的真谛。但他提出了很多稀奇古怪的问题,没人能回答。

玄奘只好自己翻书,可由于那些经书都是从外文翻译过来的,每本书的翻译者都不同,书中的说法也是五花八门,玄奘不知道该相信哪个版本的好。

于是,玄奘便有了一个大胆的想法:亲自去天竺(佛教的发源地)将原版的佛经取回来,

然后进行翻译。可是，当他向官府提出出国申请时，却被拒绝了。

尽管当时按照大唐法律，偷渡过境是死罪。但玄奘为了寻求真理，还是悄悄地离开长安，独自踏上了西行的道路。

经历一次又一次的死里逃生，他终于成功地越过了国境线，穿过烈日黄沙，来到了一个叫高昌的国家。

高昌国的国王也是一个佛教徒，他热情地接待了玄奘，并表示想把他留下来传播佛教。玄奘委婉地拒绝了国王，于是国王将他强行扣留，不许离开。为了表示自己西行的决心，玄奘绝食抗议，三天三夜滴水粒米不进。

最后，高昌国国王被玄奘宁死不屈的精神深深感动，派人护送玄奘继续西行，还写了很多公文给其他国王，请他们关照玄奘。这样，玄奘西行的道路就顺畅多了。

玄奘穿过了一座座高山，越过了一条条大河，渡过一场又一场难关，最后终于来到了天竺。在那里，他搜集佛家经典，拜访知名法师，终于将自己的疑惑一一解开了。

17年后，玄奘带着大量宝贵的佛学经典、舍利子和佛像回到了长安，不但受到了老百姓的热烈欢迎，还得到了唐太宗的接见。

虽然玄奘大师不是第一个去天竺取经的僧人，但他对真理的追求，是我们中华民族千年来舍生取义最生动、最真实的写照，也是我们中华民族最宝贵的精神财富！

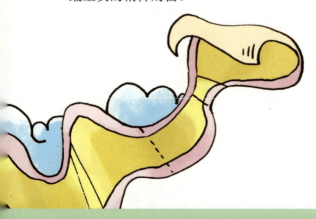

百姓茶馆

裁缝铺小伙王小六

今天我去玉华寺上香的时候，非常荣幸地看到了玄奘大师取回来的经。真是不看不知道，一看吓一跳。我原本以为它们是一些厚厚的经书，可我猜错了，它们只是一大堆写着经文的树叶。

后来经过打听我才知道，原来天竺还没有人发明纸张，那里的人只能把经书写在树叶上。唉，这多不方便啊。我觉得，天竺很有必要派一个人到我们大唐来，学习造纸术。

大伙儿都说，唐太宗是个不错的君主。为了减轻咱老百姓的负担，他总是节制自己的享受欲望。他在长安所住的宫殿，也还是隋朝时建造的，而且他一直不许别人进行修缮或重建。

前段时间，我们这儿接连下了个把月的大雨，遭了水灾，许多百姓的房屋被大水冲毁了。太宗听到消息后，想也不想，竟下令拆掉洛阳的一些宫殿，将木材分给我们建房子。这件事情令我们特别感动，也让我们看到了一位爱民、有为的真龙天子。

洛阳平民

当铺老板燕三

自从唐太宗登基之后，我们大唐王朝就日益繁荣昌盛起来。前几天城东的教书先生说，如今我们大唐是世界上最强大的国家。他说的是不是真的我不知道，我只知道，今天城里又来了一群外国学生。听说过几天还有一个外国国王要来呢。

《二十四功臣图》惊艳面世

为怀念当初与他一同打天下的功臣，唐太宗命大画家阎立本在凌烟阁描绘了24位功臣的画像，命名为《二十四功臣图》。每幅画像都如真人大小，面北而立。

凌烟阁共分为三层：最内层的画像为功劳最大的宰辅之臣；中间一层为王侯之臣；最外层是其他功臣。

这24位功臣包括长孙无忌、房玄龄、尉迟敬德、李靖、程知节（即程咬金）、虞世南以及秦琼（叔宝）等人。其中，长孙无忌排名第一。

据说，阎大画家为长孙国舅画像时，抬头一看，见他长得肥肥胖胖，离"玉树临风"距离实在太远，于是苦思良久，一个"面团团"国舅爷便出现在凌烟阁内层，冲着大家微笑。

不过，将秦叔宝排在24位功臣的最后一位，许多人对此表示不能理解。因为在隋末唐初的虎将之中，秦叔宝、程咬金、罗士信和尉迟敬德是最为有名的，而这些人中，只有秦叔宝得到过"上柱国"的殊荣。所以大家认为，不该将秦叔宝排在最后一位。

后来有人解释说，凌烟阁功臣指的是对唐朝有重大功劳的人，文官占了一半以上，而秦叔宝是个武官；其次，秦叔宝自唐朝统一全国后，就一直伤病缠身，没有其他出战记录。所以，将他列入凌烟阁功臣中，完全出于太宗对他的尊重。

敢说实话的魏征

名臣魏征是唐太宗最信任的大臣之一,也是最敢在唐太宗面前说实话的大臣。

有一次,魏征回老家扫墓了,唐太宗打算趁这个机会,去秦岭打猎。当所有的行装都准备好后,这时,唐太宗听说魏征回来了,便立刻传旨:"朕今天不去了。"

魏征知道这件事后,就问唐太宗:"皇上怎么不去了呢?"

唐太宗笑嘻嘻地回答:"我的确很想去,但又害怕你进谏,所以只好打消了这个念头。"

还有一次,唐太宗得到一只鸟,很是喜欢。一天,唐太宗正带着鸟在外面散步,有人报魏征来了。唐太宗一听,心想:不好,这可不能让魏征看到,不然,他又要说我玩物丧志了。可是,唐太宗一时间不知道将鸟藏在哪里,就藏在了自己怀里。

魏征过来后,开始向唐太宗滔滔不绝地报告,期间发现唐太宗神色异常。他看看旁边放着的笼子,再看看唐太宗怀里的鸟还在动,立即明白是怎么回事了。

于是,魏征故意和唐太宗东拉西扯,直到发现唐太宗怀里的鸟不动了才告退。魏征走后,唐太宗发现鸟被憋死了!

贤惠的长孙皇后

百姓非常庆幸生活在这个时代,因为不仅皇帝是个明君,连皇后都非常贤惠。

唐太宗欣赏魏征,但有时魏征实在太不给人面子了,常常叫唐太宗下不了台阶。一次,魏征和唐太宗在朝堂上争得面红耳赤。下朝后,唐太宗气呼呼地回到内宫,对长孙皇后说:"总有一天,我要杀了这个乡巴佬!"

长孙皇后觉得奇怪,皇上很少发这么大的火啊,于是问他怎么了。

唐太宗回答说:"这个魏征,竟然当着那么多大臣的面给我难堪,我实在是受不了他了!"

长孙皇后听了,一句话也没说,走进内室,换了一套庄重的朝服,向太宗下拜。

唐太宗看到皇后的举动,莫名其妙地问:"你这是干什么?"

长孙皇后回答说:"我听说,有英明的皇帝才有正直的大臣。朝廷里有魏征这样正直的大臣,说明陛下英明,所以臣妾要恭喜陛下。"

听了这话,唐太宗的怒火马上就熄灭了。

长孙皇后死后,唐太宗非常思念她,还为她做了两件"出格"的事。第一件是命人在皇后的陵墓旁修建了房屋,让宫人住在里面,像侍奉活人一样侍奉她。第二件是在宫里修建了层观,用来眺望皇后的陵墓。

可见长孙皇后在唐太宗的心中是多么重要!

名人有约

身份：唐太宗

大：大嘴记者　**李**：李世民

大：您好，前几年，吐蕃王松赞干布娶走了我们大唐的文成公主。关于这件事，百姓们还有一些疑问，希望您能为我们解答。

李：不用怕，随便问。

大（……我没说害怕啊）：请问，文成公主真的是公主吗？该不会像汉朝的王昭君一样，只是个被封为公主的宫女吧。

李：那怎么可能？文成公主绝对是我们李家的血脉，如假包换。她从小就想到外面去走一走，看一看。吐蕃王来和亲的时候，她马上跑到我面前，主动向我请求嫁到吐蕃去，我不答应她还不干呢。

大：那文成公主还挺有个性的啊！

李：她不但有个性，而且美丽大方、知书达理……（此处省略500字）是一位非常难得的好公主。

大（这皇帝还真能吹啊）：那吐蕃王真有福气！这么轻易就把我们公主娶过去了！

李：轻易？公主是金枝玉叶，哪会轻巧？而且当时，想娶我宝贝公主的国王从城东排到了城西，我就出了几道智力题想试试他们。没想到吐蕃王全答对了，看样子是个聪明人啊，所以我就把公主嫁给他了。

大：那您为公主准备了一些什么嫁妆呢？

李：除了金银珠宝，还有很多我们大唐的书籍、绢帛、乐器、医疗用品、种子等，还赐给她一批文人和一批农技人员。

大：好奇怪的嫁妆哦。

李：这你就不懂了吧？在经济、文化、科技方面，吐蕃没有我们唐朝发达，所以我想在经济、文化和科技上给他们一些帮助，同时加强对吐蕃的笼络，保证大唐边疆的安定。

大：那这些都有用吗？

李：那当然，现在我们汉族的音乐已经传遍了吐蕃各地；我们的文人帮助吐蕃人整理文献，记录历史；我们的农技人员将种子播撒在吐蕃高原上，已经结出累累硕果⋯⋯

大：哇，看来文成公主嫁过去后，吐蕃是旧貌换新颜啊。

李：嗯，这桩婚姻还是蛮成功的。松赞干布也非常喜欢我们的公主，吐蕃人民也非常爱戴公主，听了这些，我真是欣慰啊！

大：这么可爱的公主远嫁之后，再也不会回来了，您有什么感想呢？

李（呈伤感状）：唉，就算我舍不得也没有办法，一桩婚姻相当于10万雄兵啊。公主是一个了不起的女孩，我会常常想念她。

大：嗯。大唐王朝的子民也会永远记住她的。今天的采访就到这里，十分感谢您的配合，下次再见！

广告铺

招聘助译 20 名

　　玄奘大师历经九九八十一难，从天竺取回真经。可由于经文太多，玄奘大师一人难以译完，现急招助译 20 名，和玄奘大师一起翻译佛经。

　　要求：佛家子弟；熟悉天竺文和汉文；有追求真理的精神。

　　月钱：5 两白银。

　　有意者请与玉华寺门僧联系。

玉华寺

找导游

　　我是一名波斯人，从 7 岁开始就向往繁荣的唐朝。昨天，我终于到了梦寐以求的地方——长安。我非常激动，不过激动之余，我还发现了一个问题。由于我的方向感不是很好，所以，昨天一下午，我就迷了三次路。因此，我希望找一个当地的导游，带我参观长安城。有意者请来顺风客栈与我联系，万分感谢。

波斯人路西亚

寻牛启事

　　本人是洛阳郊外的农民，由于前些天发大水，我的两头黄牛被水冲走了。两头牛一大一小，鼻子上拴着绿色的绳头，大的有 500 斤重，耳边有块深棕色的毛；小的只比狗大一点点，尾巴上打了个结。

　　如有人见到两头牛中的任何一头，请马上与我联系，本人将当面重金酬谢，决不食言。

洛阳陈小贵

第 6 期

〖公元 649 年—公元 704 年〗

一代女皇武则天

武则天是我国历史上第一个，也是唯一一个女皇帝。她冷酷无情，为了登上皇位，不惜向自己的亲生儿女下手，称帝后又残酷镇压反对自己的人。但不论怎样，她的政治才能是不能否定的。她重用人才，维持社会稳定、国富民强，为后来的"开元盛世"打下坚实的基础。

穿越必读

赔了女儿当皇后
——来自长安的加密快报

唐太宗死后，按照唐朝宫廷的规矩，凡是没有子女的嫔妃，都要去感业寺出家为尼。不过，让人觉得奇怪的是，原本已经出家的武才人（即武则天），竟然又被李治（即高宗）接回来了。

据说，这是王皇后的主意。原来，唐高宗专宠萧淑妃，引起了王皇后的不满。为了扳倒萧淑妃，巩固自己的地位，王皇后就劝说唐高宗把武则天接进了宫。

武则天一入宫就出手不凡，一下子打败了萧淑妃，获得了唐高宗的宠爱。第二年，她就升为昭仪，还接二连三地生了儿子、女儿。

而王皇后因为自己不能生育，又很爱孩子，便时不时来看一看小公主。

来自长安的加密快报！

蹊跷的是，有消息传来，王皇后杀死了小公主，被废去了后位（不过据说是武则天为了当皇后，自己掐死了亲生女儿，又嫁祸给王皇后）。不久，武则天如愿以偿地当上了皇后。

不过，据观察，武则天似乎并不满足于当皇后。这些年来，不管朝中的大事小事，她都要插上一手，而且把事务处理得井井有条，就连唐高宗都不能不佩服她。看这架势，武则天不仅仅是想当皇后，还想当皇帝呢！

曾经的驯马妃子，如今的皇后

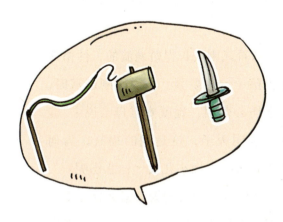

武则天是并州文水（今山西省文水县东）人，父亲武士彟（yuē）是唐朝的开国功臣，母亲也出身名门。武则天14岁就进了宫，由于武则天长得娇媚动人，最初唐太宗很宠爱她，封她为才人，还赐名"武媚"。

有一次，唐太宗带着妃子们去看他的名马。其中有一匹马叫"狮子骢（cōng）"，性格暴躁，很难驾驭。

唐太宗就跟大家开玩笑说："你们谁敢去制服它？"大家没有一个人敢吱声。

这时候，武则天走了出来，说："陛下，我愿意一试！"

唐太宗惊讶地看着她，问："你有什么办法？"

武则天说："请赐我三样东西：铁鞭、铁锤、

匕首。它要是调皮,就用鞭子抽它;还不服,就用铁锤敲它;若再捣蛋,就用匕首杀了它。"

唐太宗听了,心里暗暗吃惊:这个女人可真是了不得啊!但他从此以后就渐渐地疏远了武则天。

别看武则天长得娇滴滴的,性格却像男孩子一样要强。据说她刚进宫时,母亲伤心落泪,她就安慰母亲说:"能侍奉圣明天子,这是我的福气。为何要哭哭啼啼,像小儿女一样悲伤呢?"

这样要强的武则天,怎么甘心受冷落呢?于是她就暗暗和太子李治(即唐高宗)好上了。后来,唐太宗去世,武则天被送进感业寺,可唐高宗还是对她念念不忘,便把她接了回来。就这样,武则天一步一步登上了皇后之位。

给长孙无忌的一封回信

编辑们：

你们好！

我叫长孙无忌。虽然我是长孙皇后的哥哥，太宗皇帝也对我信任有加，可我并不喜欢权势，太宗皇帝在世时，几次要封我要职，我都拒绝了。

可是最近，许敬宗为了讨好那个武女，诬陷我造反。高宗连当面对质的机会都没给我，就将我赶出了皇宫，流放到偏僻荒凉的黔州。

我一生忠心为国，两袖清风，却落得如此下场，这是为什么呀？谁能告诉我原因，让我这个老头儿得到一点点慰藉？

长孙无忌

长孙大人：

您好！

世人皆知，您是一位有胆识、有才能的人。太宗皇帝曾把您视为左膀右臂、开国第一功臣。您对国家的贡献，就是三天三夜也说不完。

可是，太宗皇帝已经去世了，现在是高宗皇帝的天下。高宗皇帝要废掉王皇后，立武则天为后，您为什么要领着一群大臣强烈反对呢？这件事您做得很不明智，就像李勣说的，"这本来是陛下的家事，何必问外人？"

现在武则天当了皇后，要给您扣个"谋反"的罪名，简直是易如反掌。不过，人生就像潮水一般，有涨潮的时候，也会有落潮的时候，不如从另一个角度想想，您离开了皇宫，成了闲云野鹤之人，不就可以自由自在地过您想过的生活了吗？

希望您从现在起，敞开心胸，做一个开心的自由人。

报社编辑

（可惜，武则天奉行的是"斩草不除根，春风吹又生"的原则，没多久，她就派人去黔州，将长孙无忌逼死了。）

帝王风水轮流转，明年到我女儿家

大家都知道，唐高宗是一个性格懦弱的人，身体也不太好。所以从公元660年起，武则天就开始垂帘听政，代替唐高宗处理朝政。这样一来，武则天就渐渐掌握了决策大权，与唐高宗一起被尊为"二圣"。

公元683年，唐高宗李治在长安贞观殿病死，皇后武则天的儿子李显继承皇位。大伙儿都很疑惑，李显身为唐高宗的第七个儿子，却当上了皇帝，这是怎么回事呢？

原来，武则天一共生了四个儿子，长子李弘、次子李贤、三子李显、四子李旦。刚开始，李弘被立为太子。可是，李弘不喜欢这个专制残忍的老妈，常常跟她对着干。于是，他还没当上皇帝呢，就不明不白地死了，年仅24岁。

唐高宗只好把次子李贤立为太子。可是，李贤跟妈妈也不合。没过5年，就被武则天贬为平民了。

这样，皇太子的位置就落到了李显身上。李显（唐中宗）继位时只有28岁，正值壮年，本想一展抱负，但只可惜，老妈对权力的欲望超出了对他的爱。因此，他这个皇帝便成了一个有名无实的傀儡，朝中大小事务，都由武则天做主。

李显感到很憋屈，于是想让韦皇后的父亲韦玄贞出任宰相，试图组建自己的势力。

中书令裴炎表示，韦玄贞无德无能，不够资格出任宰相一职，劝中宗皇帝不要任人唯亲。

李显年轻气盛，摆出一副天子的派头说："我就是把天下都给了韦玄贞都不要紧，何况一个宰相，有何不可？"

武则天知道这件事后，大为恼火，立刻将李显废为庐陵王，贬出长安城。

中宗皇帝很惊讶地问："为何要废了我，我犯了什么罪？"

武则天怒斥道："你都要把天下送给韦玄贞了，还说没罪？"

一些大臣则认为，皇太后身为女流之辈，应该安安分分地帮助皇帝治理天下，实在不应该参与朝政。

更有大臣私下里谈论，是裴炎出卖了中宗李显，他这样做的目的，无非是为了讨好太后，或者树立自己所谓的威望而已。

废掉了中宗李显后，公元684年，武则天又安排自己的小儿子李旦登上了皇位（史称唐睿宗）。不过，跟哥哥李显一样，李旦也只是个傀儡皇帝，朝中所有事情依然由武则天做主。

公元690年，李旦将皇位让给67岁的母后武则天。武则天自称圣神皇帝，改国号为周，还给自己取了个非常有气势的名字——武曌（zhào）。就这样中国历史上第一个女皇帝诞生了！

百姓茶馆

张大员外

天哪，这真是太荒唐了，女人怎么能做皇帝！武则天不好好辅佐自己的儿子，却将他废掉，这也太说不过去了。

长安郊外某农民

我觉得，女皇登基没什么不可以的。只要是好皇帝，只要能让咱百姓过上幸福的生活。管他男人女人，我们这些平民百姓都欢迎。

富农老王

听说在唐高宗在位时期，皇上（武则天）就提出"劝农桑"的政策，鼓励农业生产。现在，皇上又编了一本《兆人本业记》，颁发到下面各州各县，作为参考。看来皇上真的很关心农业生产啊。

书生小齐

女皇还非常重视科举呢。每逢科举考试，她都亲自在大殿上主持考试，这叫"殿试"。她可是实行"殿试"的第一位皇帝啊！

99

以牙还牙，请君入瓮

武则天知道，自己当上皇帝，肯定有很多大唐宗室成员和臣子不服，在暗中想办法对付自己。为了除掉这些政敌，武则天下令，全国上下，不论谁发现有人谋反，都可以直接向她告密。

而那些告密有功的人，往往能得到大量的奖赏，还能加官晋爵。于是，告密的人越来越多，有的甚至把这当成升官发财的捷径。其中最典型的代表就是来俊臣与周兴。

来俊臣与周兴每人养了几百名随从，专门负责在全国各地搜集别人谋反的证据。来俊臣还编了一本叫《罗织经》的书，向人传授罗织罪状、颠倒黑白的经验。

这俩人制造了无数冤案、假案，残忍地杀掉了好几千人，闹得天下人惶惶不可终日。就连武则天的亲信、禁军将领丘神勣（jì）也被杀掉了。

坏事做多了，总会有报应的。这天，武则天接到举报，说周兴和丘神勣是同谋。武则天大吃一惊，立即给来俊臣下了一道密旨，让他去审问周兴。

来俊臣看完密旨后，请周兴来家里喝酒。俩人一边喝，一边讨论告密的经验。

来俊臣问:"周兴啊,我最近抓了一批犯人,可他们怎么也不肯招供,你有什么好办法没?"

周兴回答:"这还不好办,找个大瓮放到炭火上。如果犯人不招,就把他丢到瓮里边烤。我就不信他还不招。"

"哎呀,好办法啊。"来俊臣说着,叫人搬来一个大瓮,放在炭火上烤得滚烫,然后拉长了脸,对周兴说,"有人告你谋反,如果你不老实招供,那我只好请君入瓮了。"

周兴吓得魂飞魄散,赶紧跪下来磕头,嘴里说着:"我招,我招。"

来俊臣根据周兴的供词,将他判了死刑。不过,武则天有点儿怀疑周兴是被冤枉的,毕竟这些年,他也替自己办了不少事。于是,武则天网开一面,免除他的死刑,把他流放到岭南一带去了。

之后的五六年,来俊臣一直得到武则天的重用,他的野心也越来越大。为了独掌大权,他甚至诬陷武则天的侄儿武承嗣和女儿太平公主造反,这下可捅了马蜂窝,这些人是好惹的吗?很快,有人把他诬陷好人、滥施刑罚的事揭露了出来,来俊臣被判处死刑。

据说,他人头一落地,很多愤怒的百姓涌上去,撕咬他的皮肉。片刻间,他就只剩一副骨架了。

"国老"狄仁杰

对于反对自己的人,武则天进行了残酷镇压,但同时,她又是一个非常重视人才的皇帝。凡是真正有才能的人,不论门第出身、资历深浅,她一律破格录用。因此,朝中涌现出大批的贤臣,狄仁杰就是其中最著名的一位。

唐高宗时期,狄仁杰担任大理丞,掌管司法案件的受审。到任的短短一年时间,他就处理了大量的积压案件,案件涉及一万七千多人,但没有一个人是被冤枉的。他还纠正了许多冤案、假案。一时间,狄仁杰的名声传遍天下。

可是后来,狄仁杰因为得罪了宰相张光辅,被贬到复州做刺史,后来又去洛州做司马。武则天早就听说了狄仁杰的才能,又听说他做豫州刺史时,豫州被他治理得很不错,在她正式登基做皇帝的时候,就把他召回京城做了宰相。

可是没多久,来俊臣就诬陷狄仁杰造反,把他关进大牢。为了让狄仁杰"老实招供",来俊臣诱骗他说:"只要你承认自己谋反,就可以免除死罪。"

狄仁杰知道,自己要是不招,一定会被来俊臣活活打死,于是就承认了。

谁知,又有官员诱骗他说:"如果你把同党供出来,还可以从宽处理。"

狄仁杰这下火了:"上有天,下有地,我狄仁杰可做不出这种事情来!"说完,就用头猛撞柱子,撞得鲜血直流。官员吓坏了,赶紧叫人拉住他。

来俊臣草草地给狄仁杰定了罪,对他的防范也渐渐松了下来。狄仁杰趁机从被子上扯下一块布,写了一封申诉状,缝在棉袄里。

当时刚好是春季,狄仁杰把棉袄交给狱卒,说:"这棉袄我穿不上了,请你通知我的家人把它拿回去吧。"

狄仁杰的儿子拿回棉袄后,拆开一看,发现了父亲的申诉状,就托人把它送到武则天面前。

武则天看了,这才下令把狄仁杰放出来。但她对狄仁杰还是不放心,就把他调到外地去当了县令。直到来俊臣被杀,武则天才把狄仁杰调回来重新当宰相。

狄仁杰活了71岁,不仅自己为国家作了重大贡献,还推荐了许多有用的人才。武则天非常敬重他,称他为"国老"。

晚年时,狄仁杰多次要求告老还乡,武则天都没有批准。狄仁杰去世后,武则天很难过,常常叹息说:"老天,你为什么这么早夺走我的国老啊!"

现在知道我的重要性了吧!

《滕王阁序》——王勃的旷世绝唱

王勃是我国最著名的诗人之一,他与杨炯、卢照邻、骆宾王并称为"初唐四杰"。

一次,王勃去交趾看望父亲,路过南昌。刚好这时,阎都督为庆祝滕王阁建成,大摆筵席。阎都督早就听说了王勃的名气,便邀请他一起参加宴会。

阎都督让他的女婿提前准备了一篇序文,好在大家面前显摆显摆。但出于礼节,阎都督拿出纸墨请客人们先写。客人们早就知道他的用意,都谦虚地拒绝了。轮到王勃时,他却毫不客气,提笔就写。

阎都督很生气,拂袖走了。可他又想:我倒要看看,这个王勃有什么本事。就叫下人去看王勃到底写了些什么。下人回来,把王勃开篇的几句报告了。

阎都督听了,笑着说:"老生常谈而已。这个王勃也没什么了不起嘛。"

过了一会儿,下人又报告了接下来的几句,阎都督不说话了。

王勃越写越精彩,当阎都督听到"落霞与孤鹜(wù)齐飞,秋水共长天一色"时,忍不住拍案称奇:"这个王勃真是个天才啊!"于是,赶紧吩咐女婿,不要把自己的文章拿出来丢人现眼了。

王勃的这篇《滕王阁序》传开后,天下人纷纷称它是一篇旷世奇文。

一篇讨武檄文，竟引来武则天的称赞

武则天称帝的前几年，有人因为不满她随便废立皇帝，大开杀戒，写了一篇讨伐她的文章，名叫《讨武氏檄（xí）文》。

这篇文章的作者叫骆宾王，提起他的名字，人们马上就会想到他7岁时作的一首咏鹅诗："鹅鹅鹅，曲项向天歌，白毛浮绿水，红掌拨清波。"小小年纪就能作出这样的诗，可见骆宾王文采不凡。

因此，他写的这篇《讨武氏檄文》，言辞恳切，非常感人。文章罗列了武则天的种种罪状，在反武方面起到了很大的宣传作用。

没多久，武则天也看到了这篇文章。让人惊奇的是，武则天读这篇将她骂得狗血淋头的文章时，不但没有生气，还连连夸赞骆宾王的好文采。尤其读到"一抔（póu）之土未干，六尺之孤何托"时，武则天更是拍案叫绝，说："这么有才华的人，竟然没有得到重用，实在是宰相的过错！"

因为这篇檄文，骆宾王的声誉直线上升。只可惜，骆宾王虽然才华过人，仕途上却一路坎坷。唐高宗在位时他多次被贬官，过着穷困交加的生活，后来好不容易被提升，不到半年又被冤枉下狱。最后，骆宾王参加了徐敬业反武则天的军队。在徐敬业兵败后，骆宾王下落不明，连他死在哪里，都没人知道。

名人有约

身份：大周女皇

大：大嘴记者　**武**：武则天

大：您好，非常高兴能够如此近距离地一睹女皇风采。
武：记者你好，不知你想问我些什么呢？

大：请问您对已经逝世的王皇后、萧淑妃有什么评价呢？
武（脸色一沉）：王皇后心机很重，萧淑妃表里不一。同是女人，我就不多说了。

大：好吧，那请问在您认识的所有官员中，您对谁最满意呢？
武：狄仁杰。他不仅拥有大智慧，而且非常有正义感和责任心。不论什么案子，他都会认认真真地查，非得查个水落石出不可。只要是他认定的事情，连我都无法让他动摇。

大：狄公确实非常了不得。不过，作为中国的第一位女皇帝，您的光芒更是与日月相辉映呀！
武：既然你也这么说，我就不谦虚了，实际上，我的名字武曌，就含有这个意思。

大："曌"？咦，这个字我以前怎么没听说过呀，嘻嘻，不会是您自己发明的吧？
武：这个字是宗秦客为我造的。"曌"就是日月当空的意思。

大：请问这个"曌"字，有什么来源吗？

武：那得从很久很久以前说起了。那时候，先帝（高宗）还在世，他总是夸我相貌端庄，像卢舍那佛。可我听了很伤心，说，眼前再美，百年后还不是照样变成枯骨一堆。

大：这和"曌"字有什么关系呢？

武：你不知道，"卢舍那"意为光明普照。所以我根据这个说法，给自己取名为"曌"。

大：哦，是这样啊。对了，我在民间听说了一首诗，不知道您有没有兴趣听一听？

武：你念吧。如果诗文精彩，说不定我会给作者一个官当当。

大：好的，您听好了，种瓜黄台下，瓜熟子离离。一摘使瓜好，再摘使瓜稀，三摘犹自可，摘绝抱蔓归。

武（气得发抖）：你这是什么意思？你明明知道这首诗是我儿子李贤写的……

大：哎呀，原来是您儿子写的呀。那您能为我解释一下吗？我的文学水平不是很高啊（这时，一旁的太监使劲向记者眨眼，而武则天的脸色已经变得铁青了）……呃，咱们这一期的采访到此结束，下期再见吧！

（后来记者才知道，李贤的这首诗，说的是武则天心狠手辣，为了当皇帝，把几个儿子像摘瓜一样废除、囚禁了。）

广告铺

大量供应平价官盐

由于前两年闹盐荒闹得特别严重，导致盐的价格飞涨，比之前要贵上四五倍。但前些日子，狄仁杰大人已经查出了挑起盐荒的幕后黑手，恢复了官盐的运输。

从现在起，本县几处国家指定的官盐售卖点，均大量供应平价官盐，欢迎大伙儿前来购买。

盱眙县令

招生启事

现在，只要通过了科举考试，就可以做官。那么，你想当大官吗？当然，做官就必须有学问！怎样才能有学问呢？那就是找一个上懂天文、下知地理的老师，为你灌输足够的知识。现在，机会就在面前！

哦，等等，自我介绍一下吧！本人李不才，曾在孔子第N代门生处学习儒家经典、琴棋书画，现在学成归来，样样精通。无论你有什么问题，本人均可对答如流。

有想当官的，请速来不学无术学堂报名！李不才大师在此恭候你的到来。

李不才

悬赏令

前不久，豫州发生了一起连环凶杀案，据狄仁杰大人审判，凶手是一个名叫罗汉生的人，此人目前正在潜逃之中。罗汉生中等身高，微胖，一脸横肉，留着长长的络腮胡子，左边眼睛的眼角有个黑痣，黑痣上还长着两根毛，脖子特别粗。

如有人发现了凶手的下落，请立即到当地衙门报告消息。提供线索者，官府将赏赐白银10两；抓到凶手者，官府一次赏赐白银300两。

全国各地衙门

智者第 2 关

1. 唐朝的开国皇帝是谁?
2. "初唐四杰"指的是谁?
3. 凌烟阁二十四功臣中,谁被排在第一位?
4. 唐太宗击败东突厥后,被突厥人尊为什么?
5. "贞观之治"是什么意思?
6. 被唐太宗比喻成镜子的大臣是谁?
7. 玄奘法师为什么要取经?
8. 佛教的发源地是哪里?
9. 吐蕃是今天我国的哪个省区?
10. 李世民通过哪场政变夺取了政权?
11. 唐朝的哪位皇帝打败了东突厥?
12. 中国第一个称帝的女人是谁?
13. "房谋杜断"中的"房"与"杜"分别指谁?
14. 《二十四功臣图》是谁创作的?
15. 武曌的"曌"字是什么意思?
16. 文成公主嫁给了谁?

第 7 期

〖公元705年—公元756年〗

唐朝的第二次鼎盛
——开元盛世

穿越必读　　武则天被迫退位后，唐中宗李显、唐睿宗李旦先后复位，政权也先后落到了韦皇后和太平公主手里。公元712年，睿宗将皇位让给了太子李隆基，即唐玄宗（又称唐明皇）。

　　唐玄宗统治前期，励精图治，任用贤能，政治清明，经济迅速发展，唐朝进入了中国历史上最为鼎盛的时期，史称"开元盛世"。

昔日的同盟战友，摇身一变成了对头
——来自长安的加密快报

公元705年，82岁的武则天被迫退位。唐中宗李显再次登上皇位，复国号为唐。

由于李显被武则天软禁了十几年，其间只有妃子韦氏陪伴他，安慰他，因此李显对韦氏十分感激。复位后，即使韦皇后和女儿安乐公主大卖官爵，他也不加以制止。

来自长安的加密快报！

悲哀的是，这两个女人一个想做第二个武则天，一个想做皇太女，唐中宗就成了她们的绊脚石。5年后，唐中宗因为吃了韦皇后派人送来的饼，中毒而死。

只可惜，这两个女人还没来得及动手，李隆基（唐睿宗李旦的儿子）和太平公主（唐睿宗的妹妹）便联合一万多名禁军发动政变，杀了她们。退位20年的睿宗李旦再次当上了皇帝。

由于唐睿宗懦弱无能，政权落到了另一个女人——太平公主的手里。太平公主也想做女皇，因此到处制造舆论，说太子李隆基不是长子，没有资格继承皇位。

唐睿宗怕姑姑和侄子惹起天下大乱，不到两年，就将皇位传给了李隆基（即唐玄宗）。李隆基一登基，就先下手为强，将太平公主和她的党羽一网打尽。

一场令人眼花缭乱的宫廷政变，最后以唐玄宗的最后胜利而告终。

天下风云

救时宰相姚崇

公元712年，唐玄宗即位后，他把唐太宗李世民作为自己的目标，想再创一个大唐盛世。

第二年，唐玄宗到新丰检阅军队。按照规矩，皇帝出巡，方圆300里的地方官都要去朝见。有个叫姚崇（chóng）的同州刺史，也去拜见唐玄宗。

当时，唐玄宗正在打猎。他见了姚崇，问："你会打猎吗？"

姚崇回答："臣从小就会，现在虽然老了，但还能行。"

于是唐玄宗就让他跟自己一起打猎。姚崇在猎场上策马奔驰，英姿飒爽。

唐玄宗非常高兴，打完猎后，跟他讨论治国的道理。姚崇说得头头是道，玄宗更高兴了，说："你应该做我的宰相。"

奇怪的是，姚崇并不像别人一样马上跪下来谢恩，竟然说："陛下，臣有10条意见要上奏。

如果陛下不接受，这个宰相臣就不能当了。"

唐玄宗说："那你说来听听。"

姚崇侃侃而谈："第一，停止严酷的刑法，向天下百姓施行仁政；第二，10年之内，不再向外发动战争；第三，从今以后，不准宦官参与政事；第四，不准皇亲国戚在要害部门做官；第五，依法办事，不包庇宠臣；第六，除了国家规定的赋税外，其他的摊派都要杜绝；第七，不再建造寺院、宫殿，以免加重百姓的负担；第八，陛下对大臣要以礼相待；第九，忠臣直言进谏时，陛下能够包容；第十，将唐朝外戚专权的事情，写在史册上，用来警示后人。"

这10条意见，每一条都与唐玄宗的想法不谋而合。玄宗当场答应，第二天，姚崇正式成了唐朝的宰相。姚崇上任后，尽心尽力地辅佐玄宗实现复兴大业。终于，继贞观之治以来，唐朝的第二次鼎盛时期——开元盛世到来了！

姚崇对自己的成果很满意，问手下一个官员："你看，我作为一个宰相，比得上管仲和乐毅吗？"

官员回答："管仲和乐毅的政策，虽然不能施行到后世，但能保证施行到他们死的时候；而你的政策，随时都可能更改。这么看来，你似乎比不上他们。"

姚崇追问："那我到底能和谁相比呢？"

官员只好说："你算得上一个救时宰相。"

姚崇听了一点儿也不生气，还挺高兴，说："救时宰相也不容易啊。"

人力无法抗拒天灾吗？

编辑老师：

你们好！

今年，河南发生了严重的蝗灾，田间、地里到处都是蝗虫。大家都知道，蝗虫是上天降下来的灾难，所以大家每天都烧香拜佛，祈求上天将蝗虫收回去。

谁知宰相大人（指姚崇）来到河南后，一不烧香，二不拜佛，竟然下令让百姓们每天晚上在田头点上火堆，等蝗虫被火光吸引过来后，把蝗虫全都扑打死，边扑打边烧边埋。

天啊，这不是在和上天作对吗？还从来没有人敢这么做！所以我给皇上上奏说人力无法抗拒天灾，必须修善积德，才能彻底消除蝗灾。谁知宰相知道后，写了一封信，把我臭骂了一顿。

没办法，我只好按照他的命令办。可我还是不放心，宰相这样冒冒失失的，万一将来出事了怎么办？

汴州刺史倪若水

倪大人：

您好！

宰相大人这样做并不冒失，应该是经过慎重考虑的。蝗虫不过是一种害虫，只要使用正确的方法，就完全可以扑灭。而且蝗灾多半是由旱灾引起的，因为蝗虫喜欢温暖干燥的环境，在这样的环境中，它们繁衍得很快，所以很容易出现蝗灾。

至于什么"上天降下来的灾难"，那都是迷信，绝不能相信啊！

报社编辑

（后来，在姚崇的治理下，蝗灾终于彻底被消灭，光汴州就消灭了14万蝗虫。）

长了脚的春天

姚崇告老还乡时,推荐广州都督宋璟为宰相。宋璟为人刚直不阿,对贪污受贿、溜须拍马的官员毫不手软,对贤臣却敬重万分。

有一次,一个叫卢怀慎的宰相生了病。宋璟因为敬仰卢怀慎的德行,便经常带着礼品去探望他。卢怀慎感慨地说:"您日理万机,却还常常来看我,实在是承受不起啊。"

宋璟安慰他说:"您一生清廉,是我学习的榜样。"

卢怀慎病逝后,家里没有钱办丧事。宋璟就向唐玄宗上奏,说明了情况。玄宗立刻赐给卢家许多布帛和粮食,供他们办丧事以及家人使用。

还有一次,一个同僚找到宋璟,说自己的亲戚多年前被人骗了一大笔钱财,到现在还没有结案。宋璟二话不说,就把这个案子接下来。他东奔西走,到处调查取证,终于把案子查得水落石出,还了同僚亲戚一个公道。

同僚非常感激,邀请他到家里喝杯酒,可宋璟死活不肯去。同僚急了,亲自跑到宋璟家里来请。谁知宋璟还是不肯去。送客的时候,同僚拉住宋璟的衣袖往外拖,只听"哧啦"一声,宋璟的袖子被

扯破了。

宋璟非常关心老百姓的生活，他专门上了一道奏章，请求给寺院划拨一些田产，用来救济贫苦百姓。

因此，朝廷上上下下的人都说，宋璟就像长了脚的春天，走到哪里，就把温暖带到哪里（即"阳春有脚"）。由于他和姚崇都为开元盛世作出了杰出贡献，人们把他们并称为"姚宋"。

一个贤相，一个奸相

唐玄宗当了二十多年的皇帝后，眼看天下太平，渐渐变得懈怠起来。宰相张九龄经常劝谏玄宗，可玄宗也听不进去。

这时，朝廷里出现了一个叫李林甫的奸臣。他别的不会，就会溜须拍马。不管是皇帝、妃嫔，还是宫女、宦官，他都千方百计地巴结讨好。皇帝想什么，要什么，他都一清二楚。时间一长，唐玄宗以为李林甫真的有本事，就提拔他做了副宰相。之后，唐玄宗才召见张九龄，问他有什么意见。

张九龄毫不客气地说："宰相关系着国家的命运，像李林甫这样要才没才，要德没德的人，只会给国家招来灾难。"唐玄宗听了，很不高兴。

有一次，唐玄宗和几位大臣在御花园游玩。走到一个池塘边，玄宗指着里面游来游去的鱼儿说："你们看，这些鱼儿多么活泼可爱！"

李林甫抓住机会拍马屁，说："这都是沐浴了陛下的恩泽呀。"

张九龄却接过话说："这些鱼就像陛下任用的人，只能观赏，却没半点儿用处。"

唐玄宗听了，觉得真扫兴，李林甫则对张九龄恨得牙痒痒。

当时，凉州都督牛仙客目不识丁，但在理财方面很有一套。唐玄宗知道后，就想提拔他做尚书。张九龄劝谏道："本朝的尚书，要么才华出众、品德优良，要么有较高的威信。牛仙客只是边疆的一个小官，怎么能一下子提拔做尚书呢？"

唐玄宗没办法，心想不能提拔，那就给他一些封地吧。

谁知张九龄又跑来反对，说："只有那些立下大功的臣子，才能给封地。牛仙客不过尽了他的本分，陛下赏他一些黄金、玉帛就行了。"

张九龄一而再再而三地阻止唐玄宗，玄宗终于发火了："难道什么都得听你的吗！"从那以后，他越来越讨厌张九龄了。再加上李林甫趁机在一旁诽谤张九龄，终于，唐玄宗撤掉了张九龄的官职，提拔李林甫当了宰相。

李林甫掌握大权之后，凡是不听从他、不和他站在一起的人都被他陷害了。他嫉贤妒能，嘴里说得特别好听，心里却阴险毒辣。所以，人们都说他是口蜜腹剑。

天下奇闻——抢来儿媳做老婆

开创盛世之后,唐玄宗开始变得满足了,到了晚年,甚至像变了个人似的,不但宠信奸臣,还沉迷酒色,整日和杨贵妃形影不离。

这个杨贵妃,闺名叫杨玉环,她的童年是在四川度过的。由于生得花容月貌,冰肌雪肤,又精通音律,能歌善舞,唐玄宗的儿子寿王李瑁对她一见钟情,娶她为王妃。

唐玄宗最宠爱的武惠妃逝世后,一次偶然的机会,玄宗看到了杨玉环,也为她的美貌而倾倒,便千方百计地将她从儿子手中抢了过来。

可抢了儿媳妇毕竟不是一件光彩的事,为了给天下人一个交代,唐玄宗便打着孝顺的旗号,下诏让杨玉环出家做道士,并赐法号"太真"。同时,让寿王娶了别的女人。5年后才将杨玉环接进宫,封为贵妃,不但对她宠爱有加,还让她享受皇后般的待遇。

俗话说:一人得道,鸡犬升天。杨玉环的三个姐姐也被先后封为夫人,就连她那不学无术的哥哥杨国忠也一步登天,当上了宰相。

对此,一些不愿自报姓名的朝臣认为,如今朝中奸臣当道,如果不及时清除祸患,国家将会像以往各朝一样,走向灭亡的深渊。

百姓茶馆

卖花女小蕊

听说，皇上后宫有一百多位嫔妃，三万多名宫女，真是太令人吃惊了。古往今来，恐怕没哪个皇帝有他的宫女多吧。

诗人小王

只可惜，"后宫佳丽三千人，三千宠爱在一身"啊。除了杨贵妃，皇上谁也瞧不上眼。听说，这个杨贵妃特别爱吃荔枝。可北方没有荔枝，皇上就专门派人快马加鞭，从岭南把荔枝运到皇宫来。

闲人柳公子

我还听说，为了让贵妃吃上带露水的新鲜荔枝，路上跑死的马都不知有多少匹呢。

某酒铺小二

唉，皇帝和贵妃是怎么奢侈怎么来。听说皇上非常喜欢一种酒，还把它封为宫廷御酒。酿酒用的水，全是从高山上搜集来的露水，而这样酿出来的酒醇香芬芳，清而不淡，浓而不艳！

柳公权的师傅原来是无臂老人

柳公权是我国著名的书法家，他的字体风格独特，骨力强劲，气势非凡，人称"柳体"。据说，柳公权能有今天的成就，是受一位无臂老人的影响呢！

很小的时候，柳公权的字就在同龄人中是写得最棒的，因此他慢慢地骄傲了起来。

有一天，他遇到一个老人，老人没有双臂，赤脚坐在地上，老人用左脚压住纸，右脚夹着毛笔，写的对联龙飞凤舞，比他的字不知好多少倍呢！

柳公权惭愧极了，于是"扑通"一声跪在老人面前，诚恳地说："师傅，我愿拜您为师，请师傅告诉学生写字的秘诀吧！"

无臂老人沉思了一会儿，在纸上写了四句话：用尽八缸水，砚染池塘黑，吸取百家长，始得龙凤飞。

老人解释说："这就是我写字的秘诀。我用脚写字，已经练了50多年了。光是我一个人磨墨练字，就用了八缸水。每天写完字，我就在家门口的池子里洗砚，池水都染黑了。可是，依然有人比我写得好，天外有天，山外有山啊！"

柳公权牢牢记住了老人的话。从这以后，发奋练字，练得手上都起了一层厚厚的茧子，衣肘也补了一层又一层。与此同时，他还不断刻苦钻研，吸取各家的长处，终于成了一代著名的书法家。一直到88岁去世前，他还在孜孜不倦地练字呢！

李白在宫中都干了啥

说起李白,大家都对他的诗赞不绝口,甚至连唐玄宗也听说了他的大名,将他召进宫中做官。可是短短三年后,李白就辞官回家了。那么,在宫里的这三年,李白都干了什么事呢?

其实,刚进宫的时候,唐玄宗对李白还是相当重视的,两人一见如故,唐玄宗一高兴,亲手做了一碗汤给李白喝,后来还把他安排到翰林院,专门起草诏书。

不过,李白有个毛病,就是爱喝酒,而且一喝就喝得酩酊大醉。有一次,唐玄宗和杨贵妃在月下赏花,兴致浓时,叫乐工谱了个曲子,想叫李白填词。可太监找来找去,怎么也找不到李白的人影。原来李白上街喝酒去啦!

太监慌慌忙忙地跑到街上,把醉得不省人事的李白往轿子里一扔,匆匆抬回皇宫。进了宫,李白醉眼蒙眬地向皇帝行礼,可手脚都不听使唤。

一旁的太监看他实在不像话,劈头泼了他一脸冷水,李白这才清醒一点儿。唐玄宗并不怪他失礼,只催促他快点填词。

李白在几案前坐下,突然发现脚上还穿着靴子,很不舒服,就把腿往身边一个老宦官面前一伸,说:"帮我把鞋脱了。"

这可不是个普通的宦官,他是唐玄宗最宠信的宦官头子,叫高力士。

八卦驿站

高力士气坏了:"你一个翰林院的小官,也敢叫我给你脱靴!"可皇帝还在一旁等着李白的词呢。

高力士不敢扫皇帝的兴,只好笑嘻嘻地说:"唉,喝成这样子,真拿他没办法。"说着就跪下来,帮李白把靴子脱了。

李白看也没看他一眼,提笔就写。没一会儿,三首《清平调》就写好了,唐玄宗拿到手里,一连吟诵了好几遍,赞叹不已。

高力士对这事一直怀恨在心。一次,他听杨贵妃唱《清平调》,唱到"借问汉宫谁得似?可怜飞燕倚新妆"时,高力士装出一副惊讶的样子,说:"娘娘,李白这小子在骂您呢!他把娘娘比作赵飞燕,那可是个红颜祸水呀!"

杨贵妃很生气,从那以后,每当唐玄宗想重用李白时,她就在一旁劝阻。

等了这么长时间没得到重用,李白也看出来了,一定是有人作梗。再在宫里继续待下去,也不可能有什么作为,再加上皇帝身边全是杨国忠、高力士这样的小人,李白不愿意和他们共事,于是就辞了官,骑着他的驴到处游山玩水去了。

名人有约

特约嘉宾：**李隆基**

身份：唐玄宗

大：大嘴记者　李：李隆基

大（**不敢抬头**）：您好，欢迎来到《名人有约》。陛下好霸气，比您祖父强多了！

李：哈哈，没办法！一国之君，不霸气怎么能镇倒那帮女强人呢！

大：听说您家的一号女强人，也就是您祖母，在您小时候就很欣赏您了？

李：嗯。那是我7岁的时候，有一次在朝堂举行祭祀仪式，我看见武懿宗将军在训斥护卫，就跑过去对他说："这里是我李家的朝堂，你凭什么训斥我家的护卫！"武懿宗当场就吓呆啦！哈哈！我祖母不但没责怪我，反而更加欣赏我，第二年就给我封王了。

大：哇！小小年纪就霸气外露！难怪韦皇后和安乐公主、太平公主都不是您的对手。听说您登基后不仅提拔了几个好宰相，对县官也要亲自考核。

李：没错，你别看县令官职不大，可他们是直接和百姓打交道的人，发挥的作用不小啊，所以我得经常亲自考核一下。成绩优秀的，就加以提拔；成绩不合格的，马上贬官。

大：皇上英明。皇上，我看这些年来，大唐的经济发展得不错，不知道您使用了什么高招？

李：我刚登基那会儿，发现很多地主把农民的土地占了，还瞒着官府

名人有约

把一些流亡的农民当成自己的私有财产,他们以为这样就可以偷税漏税。为了打击这种不良风气,我发动了一场"检田扩户"运动。

大:这是一场什么运动?
李:就是派人去那些地主家,检查隐瞒的土地和农户,然后把这些土地没收,分给农民,并对那些查出来的农户进行登记。这样一来,国家的税收就增加了,户口也增加了。

大:果然是高招啊。皇上,我记得武则天皇帝在位的时候,到处都能看到和尚、尼姑,现在怎么看不到了呢?这个应该跟您有关系吧。
李:唉,我们大唐历来提倡道教,不提倡佛教。但是武则天皇帝为了打击唐朝的宗室,故意提倡佛教,所以那些年,和尚、尼姑多得不得了。可是他们不种地也不交税,国家的压力很大啊。

大:所以呢?
李:所以我就下令,减少和尚、尼姑的数量,不准再建寺庙、造佛像,也不准传抄佛经。政府官员不准与和尚、尼姑交往。

大:那政策颁布下来后,有多少出家人还俗呢?
李:大概一万两千多人吧。这给国家又增加了不少税收啊。

大:难怪出现了开元盛世。不过皇上,近年来国家有衰败的势头,您是不是……
李:胡说,哪里衰败了,有杨国忠给我管理着,我放心得很。好了,跟你说了这么多,我累坏了,我现在要去看贵妃跳霓裳羽衣舞,记者你要一起去看吗?

大:我就不去了,我还得把稿件整理一下。皇上再见。

广告铺

皇家拔河大赛

为大力发展牵钩（拔河）文化，特于清明之日在皇家球场再次举办牵钩大赛，参赛甲方为萧至忠带领的中书门下拔河队（全是老爷子），乙方为驸马带领的尚书拔河队（全是小伙子），每队带8~9名队员。欢迎大家前去观看，人越多越好。

"牵钩发烧友"唐中宗李显

巧三娘缝衣店隆重开业

本店店主巧三娘曾在宫中掌管制衣事务，给唐玄宗做过龙袍，给杨贵妃缝过凤袍，手艺精湛无比。此外，店中还有8位手艺高超、做事认真负责的女工，她们将为您量身打造您最想要的华美衣裳（除龙袍、凤袍外）。

巧三娘缝衣店

谁说胖子不美？漂亮胖妹也选美

在绝代美女杨贵妃的带领下，以胖为美已经成了大唐的一大潮流，这也让不少人重新获得了尊严感和自信心。为适应时代要求，特举办此次选美大赛，要求：体重120斤以上，身高1.6米以上，能歌善舞者更佳。欢迎对自己长相、身材极有信心的胖妹前来报名，获胜者将获得一睹杨贵妃娘娘芳容的机会。

漂亮胖妹选美大赛委员会

第 8 期

〖公元755年—公元762年〗

安史之乱

穿越必读 ▶

公元755年，安禄山、史思明起兵作乱，"安史之乱"爆发。这场内乱一共持续了8年，社会遭到空前的浩劫。从此以后，唐朝由盛转衰，往日的繁荣一去不返。

安禄山叛变了
——来自洛阳的加急快报

公元755年12月,一个令人震惊的消息从河北传来:三镇(指平卢、范阳、河东)节度使安禄山叛变了!他领着15万名士兵,从河北平原出发,杀向长安。

节度使是一个怎样的官职呢?为什么他有能力发动如此大规模的叛乱?原来,前些年为了巩固边境,唐玄宗设立了10个军镇,节度使就是军镇的最高长官。10个节度使拥兵将近50万(中央军不过12万),并兼管财政和行政。他们要是造起反来,可是件不得了的事。

可是,造反也得有个正当的理由啊。安禄山假造了一道唐玄宗的诏书,向手下的将士们宣告说:"我接到皇上的密令,要我马上带兵讨伐奸臣杨国忠!"

将士们虽然有些奇怪,但看了圣旨后,也不敢多说什么,于是跟着安禄山朝南进发。由于唐朝多年来未发生战争,军队没什么战斗力,一路上,官员们跑的跑,降的降。叛军一路南下,几乎没有遇到抵抗,很快就占领了东都洛阳。安禄山在洛阳称帝,国号大燕。

来自洛阳的加急快报!

绝密档案

叛将安禄山的发家史

这个胆大包天的安禄山到底是什么人呢？身为一个胡人，他为什么可以当上三镇节度使？又是什么原因，让他起兵反叛了？下面，就让本报为您层层揭开安禄山的真面目吧。

安禄山本来不姓安，姓康。因为父亲很早就去世了，母亲改嫁给了突厥一个姓安的将军，就从此改姓安了。

最初，安禄山只是边疆地区的一个私盐贩子。30岁时，一个偶然的机会，他被官府抓住，便从了军。由于作战勇猛，短短四年的时间，就做了平卢将领。

有一次，因为不遵守军令，打了败仗，被押送到长安。当时的宰相张九龄认为，军令如山，安禄山当以死谢罪。还说他面带凶相，如果不杀了的话，会后患无穷。

不料唐玄宗却很欣赏安禄山的勇猛，下令饶了他，要他戴罪立功。

别看安禄山长得老实、憨厚，实际上很狡猾，再加上会拍马屁，凡是朝廷的人，他都会送上一笔厚礼，因此大臣们在皇帝面前都夸赞他。

他知道皇帝喜欢边疆的将领报战功，就把附近少数民族的首领请来赴宴，给他们灌下药酒，再趁机砍下他们的头颅，到皇帝面前邀功。这一招哄得唐玄宗龙颜大悦，于是，唐玄宗常常召他来长安。从此，安禄山官运亨通，40多岁的时候，便身兼四镇节度使。

安禄山长得又矮又胖，肚子大得吓人。有一次，唐玄宗指着他的大肚皮问："爱卿啊，你的肚子这么大，里面都装了些什么啊？"

安禄山回答："没有别的，只有一颗赤诚的心。"

唐玄宗听了很开心，后来又封安禄山做郡王，还在长安为他造了一座非常豪华的王府。就连杨贵妃也被安禄山哄得心花怒放，认他为干儿子。安禄山进出内宫就像进出自己的家一样。

每次晋见，安禄山都是先拜杨贵妃，再拜唐玄宗。唐玄宗觉得奇怪，问他这是为什么。安禄山回答："我们胡人的习俗，都是先拜母亲，再拜父亲。"玄宗听了哈哈大笑。

不过，安禄山和杨国忠这两个人的关系却不好。杨国忠原本是个流氓，安禄山很瞧不起他。杨国忠也不待见安禄山，三番五次在唐玄宗面前告状，说安禄山迟早要谋反。不过，唐玄宗对安禄山信任着呢，一点儿也没把杨国忠的话放在心上。

直到安禄山真造起了反时，唐玄宗才后悔莫及。不过，世上哪有后悔药吃呢？

> 禄山，你怎么不先拜我？

潼关失守，长安岌岌可危

潼关是长安的门户，地势险要，易守难攻。叛军在潼关外屯兵半年，都没法打进去。

守潼关的将领叫哥舒翰，每天晚上，他都让人在烽火台上点一把火，作为平安的信号。附近的烽火台看到后，也一座接一座地点起"平安火"，一直传到长安。城里的百姓看到了，就知道潼关还没有失守。

然而这时，朝廷却起了内讧。哥舒翰认为，叛军远道而来，一定无法坚持很久，只要唐军坚守潼关，等待时机，就不怕打不败叛军。可杨国忠却担心哥舒翰打了胜仗，会与他争夺宰相的位置，就向唐玄宗进谗言，说潼关叛军不堪一击，如果按兵不动，会错失良机。

唐玄宗听信了杨国忠的话，接二连三地派使者逼哥舒翰出关。哥舒翰不敢抗旨，痛哭了一场之后，带兵出关，结果中了叛军的埋伏，20万大军几乎全军覆没，最后只剩下8000人。

就这样，叛军攻破了潼关，俘虏了哥舒翰。关内一些城镇的官员见潼关失守了，知道大势已去，纷纷逃跑。晚上，烽火台上的"平安火"再也看不到了，长安城岌岌可危。

天下风云

贵妃魂断马嵬坡

得!

贵妃,快跑!快跑!

潼关失守后,唐玄宗急得团团转,要杨国忠赶紧想办法。杨国忠哪有什么好办法,只好建议唐玄宗暂时去蜀地避难。

就这样,唐玄宗带着杨贵妃、杨国忠及几个亲信大臣,在将军陈玄礼和禁卫军的保护下,悄悄逃往成都。

这样走走停停,接连走了三天后,他们走到了马嵬(wéi)驿(今陕西省兴平市西)。随行的将士又饿又累,还满肚子的气。他们认为,好好的长安待不成,弄得到处逃亡,全是受了杨国忠的连累。

正巧这时,有二十几个吐蕃使者拦住杨国忠的马要粮。杨国忠还没来得及答话,士兵们就在一面嚷嚷着:"杨国忠要造反啦!"一面朝他放箭。

杨国忠慌慌张张想逃走,几个士兵立即赶上去,几刀就将他砍死了。接着,又把杨贵妃的姐妹韩国夫人、虢(guó)国夫人等人全都杀了。

之后,情绪激动的士兵们又把驿馆包围了起来。唐玄宗听到外面吵成一片,就让高力士去问问是怎么回事。

高力士找到陈玄礼,陈玄礼说:"杨国忠谋反,他的妹妹杨贵妃也不能留下了。"

这下可把唐玄宗难住了,他怎么会舍得杀杨贵妃呢?沉默很久,说:"贵妃身在深宫,怎么会知道杨国忠谋反的事呢?"

高力士明白,如果不杀了杨贵妃,今日一劫肯定逃不过了,就说:"陛下,这不是贵妃娘娘的错,但是将士们已经杀了她的哥哥,如果留下贵妃娘娘,他们肯定不会安心。还请陛下三思,将士们心安了,您才会安全。"

唐玄宗没有办法,只好无奈地挥挥手,让高力士把杨贵妃带走,用带子将她勒死了。

看到杨贵妃死了,将士们这才散了,继续护驾前行。太子李亨被当地老百姓挽留下来,在灵武(今甘肃省灵武县西南)称帝(即唐肃宗)。

对于唐玄宗出逃这件事,百姓们纷纷表示,唐玄宗这是咎由自取。安禄山想造反已不是一天两天了,这么多年来,有人向朝廷告发,反而被关被杀。唐玄宗周围的大臣,只会奉承拍马,外面的情况,唐玄宗一概听不到,所以才会落得今天这般田地。

古有草船借箭，今有草人借箭

长安城失守后，唐朝将领纷纷投降。叛将令狐潮十分高兴，便给死守雍州的张巡写了一封信，让他赶快出城投降。

张巡对送信的人说："回去告诉那个叛贼，我张巡生是唐朝的人，死是唐朝的鬼！"

尽管张巡忠心耿耿，绝不投降，但他的6名手下却有点儿动摇了。他们劝说张巡："大人，现在情况很明显，敌众我寡，我们兵力太少，实在无法与敌人死扛啊！况且皇帝也是生死未卜，与其白白送死，不如投降啊！"

张巡的肺都气炸了，但他还是不动声色，假装同意了。

第二天，张巡把全县的将士召集到公堂上，然后挂出天子的画像，率众人朝拜。想起国家陷入如此境地，大家都哭了。

这时，张巡将那6名手下拉到众人面前，大声斥责，并以背叛朝廷、动摇军心的罪名，当场杀了他们。这样一来，原本想投降的士兵们再也不敢提投降的事了，并表示一定要战斗到底。

可是，问题来了。叛军不断攻城，城里的将士不断朝城下放箭，把叛军一次次逼了回去。可是时间一长，城里的箭都用光了，怎么办呢？张巡眉头一皱，计上心来。

他令手下用禾秆扎成上千个草人，并给他们穿上黑衣，晚上用绳子拴着放到城下。从远处看，雍丘城头黑压压的一片，好像有很多士兵正沿着城墙，顺着绳索往下爬。

叛军发现了，急忙争先恐后地射箭，一直射到天亮。天亮后，大家仔细一看，原来城墙上挂着的不过是草人。草人身上挂满了箭，估计不下10万支。雍丘城里的士兵高兴地把草人往上拉，气得叛军直跺脚。

过了几天，到了晚上，张巡将500名精兵，从城墙上放下。巡逻的叛军以为又是草人，根本不作任何防备，还嘲笑说："又来老一套，这一回我们可不借箭给你了！"

500名精兵趁机杀向叛军的军营。叛军睡得正香，哪里料得到有人偷袭，顿时混乱不堪，四处逃窜，一直逃了10多里，才惊魂初定。

在这期间，张巡的军队用顽强不屈的精神、忠贞不渝的决心、勇敢机智的头脑，共消灭了10多万叛军，虽然最后由于众寡悬殊、弹尽粮绝遇害，不过为唐朝反攻赢得了宝贵的时间。

天下风云

给贺兰进明的一封回信

编辑老师：

　　你们好！

　　前些天，张巡手下的将领南霁云跑来见我，说几个月前，叛将尹子奇领着30万大军攻打睢阳，张巡领着他们前去救援，血战到现在，只剩下一千多人马，希望我能派兵援助。

　　虽然消灭叛军是我义不容辞的责任，可你们也知道，叛军声势汹涌，我不一定打得过啊。我看这个南霁云是个人才，就劝他留下来替我效力。谁知他不但不答应，还把自己的中指剁了下来，誓与睢阳共存亡。并且他出城前还朝佛塔射了一箭，说平定叛军后，一定取我人头。

　　真好笑，他回去后还能活得了吗？你们说，这个南霁云好日子不过，偏偏要去送死，是不是脑子缺根弦啊？

临淮节度使贺兰进明

贺兰进明：

　　收到你的来信，我们非常气愤。没想到，在国家生死存亡的紧要关头，你作为一个手握重兵的节度使，竟然坐视不管！

　　我看，你不出兵，不仅仅是害怕打不过叛军吧，更多的是嫉妒张巡的声望比你高！南霁云说得没错，像你这种不顾国家大局、自私自利的小人，就是杀了也不为过！

　　听说现在，睢阳城已经弹尽粮绝，士兵们只能吃树皮，杀战马，甚至捉麻雀和老鼠吃。而你呢，肯定是顿顿美酒佳肴吧，真不知道你怎么吃得下？

　　如果你还不出兵，相信史书一定会把这件事记录下来，让你遗臭万年！

报社编辑

　　（贺兰进明始终没有出兵。公元757年10月，睢阳沦陷，张巡、许远、南霁云等将领都被叛军杀害。河南节度使张镐得到消息后，马上发兵攻打尹子奇，收复了睢阳。）

叛军内讧,郭子仪收复两都

公元757年,长安传来一个令人振奋的消息:叛军发生内讧,安禄山被自己的亲生儿子安庆绪杀了!

原来,安禄山本来就患有眼疾,自起兵以来,他的视力渐渐减退,最后几乎双目失明。偏在这时候,他又患上了疽病,因此性情变得格外暴躁,碰到事情稍不如意,就破口大骂,甚至抬手就打,弄得侍从们人人自危。尤其是他的贴身侍官李猪儿挨打最多,怨气也最大。

由于生病的原因,安禄山常居深宫,将士们很少能见到他,有什么事情,都是通过宰相严庄转达。但就算是严庄,也不时遭到安禄山的"竹笋炒肉"。

与此同时,安禄山宠爱的小妾段氏生了一个儿子,叫安庆恩,深受安禄山的喜爱,甚至还想将他立为太子。安庆绪为了保住自己的地位,就和严庄、李猪儿串通起来,打算谋害安禄山。

这天夜里,三人偷偷潜入安禄山的住所。侍卫见是安庆绪和严庄,谁也不敢叫。就这样,安庆绪和严庄在帐外把风,李猪儿手持大刀,闯入帐内,对准躺在床上的安禄山的腹部就

> 替我收复长安，重重有赏。

是一刀。安禄山一痛就醒了，平时，他总把佩刀放在床头防身，于是赶紧去摸刀，但哪里摸得着，刀早就被李猪儿偷偷拿走了。就这样，安禄山很快死了。

这个恶贯满盈的叛贼，为了自己的一己私利和狼子野心，引发了这场8年大乱，造成死伤无数，最后却这么死了，实在是可喜、可贺、可叹！

对于安禄山的死，叛军阵营内开始出现了很大的裂痕。以史思明为首的一派强烈要求追查真凶；以安庆绪为首的一派，却坚决认为父亲是病死的。安庆绪也理所当然地接管了所有大权。

李亨得到这个消息，欣喜若狂，认为这是收复长安的好机会，于是令郭子仪从回纥（hé）那里借了4000名精兵。一番苦战后，终于收复了长安。

> 遵命。

当官兵再次进入长安时，城中的老百姓夹道欢呼，他们流着泪说："没有想到今天又见到官军了。"

紧接着，郭子仪乘胜东进，又收复了东都洛阳。郭子仪因为功劳显赫，被封为代国公。

唐肃宗感慨地对郭子仪说："国家虽然是我的，但它是你打回来的呀。"

李光弼大败史思明

公元758年,唐肃宗派了郭子仪、李光弼等9个节度使,率领60万兵马,去河北继续追剿安庆绪。因为担心他们拥兵自重,唐肃宗故意不设主帅,派宦官鱼朝恩去监视节度使们。

安庆绪自知打不过,便以皇位为诱饵,向史思明求救。史思明立刻率领5万精兵杀了过来。

本来,以60万敌5万,是小菜一碟,但偌大的军队没有主帅,大将们各自为战,如同一盘散沙。再加上鱼朝恩根本不会打仗,最后被叛军打得一败涂地。

而鱼朝恩非常奸诈,他把责任全部推给郭子仪。唐肃宗听信谗言,撤了郭子仪的职,让李光弼接管他的职务。

正在这时,叛军又起了内讧。史思明杀了安庆绪,吞并了他的军队,自称大燕皇帝,并向洛阳发动进攻。

天下风云

李光弼于是将百姓全部撤出洛阳，带着兵马在河阳（今河南省孟州市）驻扎下来。史思明进了洛阳，发现是一座空城，只好领兵来到河阳的南边，与唐军对峙。

为了引诱唐军过河，史思明让部下每天赶着一千多匹战马去河边喝水。李光弼见了，下令把唐军的母马也赶到河边，和敌人的战马混在一起喝水。母马喝完水，想起留在唐军营里的小马，撒腿就往回跑，顺便把叛军的战马全都带了回来。

史思明气得嗷嗷叫，马上让部下集中了几百条火船，想烧掉唐军的浮桥。李光弼早就准备了几百根长竹竿，并在竹竿一头裹上铁甲，士兵站在浮桥上，用其顶住火船。火船前进不了，没一会儿就烧沉了。

史思明快气疯了，决定兵分两路攻打河阳，一路进攻北城，一路进攻南城。双方打得难舍难分，不分胜负。

为了激励大家，在总攻之前，李光弼将一把短刀插进靴子里，说："打仗本来就是拼个你死我活的事情，你们谁也不许后退！如果你们全都死在战场上，我就在这里自杀。"

将士们受到鼓舞，个个争先恐后，奋勇杀敌，很快就把叛军打败了。史思明狼狈不堪地逃回洛阳。接着，双方又对峙了两年。

公元761年，鱼朝恩那个小人又出来作祟，怂恿唐肃宗命李光弼强攻洛阳。李光弼不敢抗旨，结果打了败仗，被撤了职。

此时，叛军第三次起了内讧，史思明被自己的儿子史朝义杀了。史思明一死，史朝义自称皇帝。

公元762年，唐代宗即位。唐军与史朝义叛军在洛阳北郊大战，唐军大败史朝义军，史朝义逃往河北。公元763年，史朝义自缢而死。

这场叛乱从公元755年开始，到763年结束，一共持续了8年时间，被人们称为"安史之乱"。

百姓茶馆

种瓜老汉

叛贼就是叛贼，不忠亦不孝！看，安禄山和史思明不忠，要起兵造反；他们的儿子不孝，竟然杀死了自己的父亲！

这场内乱把中原搅得乌七八糟，不过对南方来说，未必没有好处。好多北方人来南方避难、定居，带来了许多先进的生产技术。近年来，南方的经济有了很大的发展啊。

水果铺老板

民间艺人

是呀，就连皇宫里大名鼎鼎的乐工李龟年也流落到江南了。听说，李龟年与先帝（唐玄宗）感情非常深厚，他流落到江南后，有一次在宴会上唱王维的《相思》与《伊川歌》，唱完后就晕过去了。

《相思》也是我最喜欢的一首诗：红豆生南国，春来发几枝。愿君多采撷（xié），此物最相思。当时，李龟年一定是悲伤过度才晕倒的吧。

某书生

肃宗被活活吓死

鱼朝恩死后,有两个人深得唐肃宗的信任与宠爱。一个是宦官李辅国,手中握有禁卫军的兵权;一个是张皇后,她想让自己的儿子越王当皇帝。这两个人为了争权夺利,闹得水火不容。

公元761年,唐肃宗得了病,一连好几个月不能上朝。第二年5月,太上皇李隆基又病死了,唐肃宗受到打击,病情更加严重了。

这时,张皇后把太子叫来,说:"李辅国趁皇上病危,想犯上作乱,我们必须除掉他。"太子怕惊扰父皇,没有答应。

张皇后见太子指望不上,就让自己的儿子越王召来200个身体强壮的太监,准备动手。没想到,有人向李辅国告了密。

这时,太子刚好进宫探望唐肃宗,李辅国把他堵住,将他劫持到飞龙殿,接着假传太子的命令,把越王等人抓了起来。

张皇后得知事情败露,逃进唐肃宗的寝宫。李辅国带兵追到寝宫门口,逼张皇后出来。张皇后吓得浑身发抖,不停地哀求唐肃宗救命。唐肃宗遭此变故,吓得一句话说不出来。李辅国趁机把张皇后拖了出去。

唐肃宗又气又急,当天就病发身亡。

张打油的打油诗

南阳有个读书人叫张打油，非常擅长写通俗且幽默诙谐的诗。他曾经写过一首名为《咏雪》的诗：天下一笼统，井口大窟窿。黄狗身上白，白狗身上肿。

话说有一位官员，在下大雪时到衙门里去，发现有人在衙门的墙上写了一首诗：

六出飘飘降九霄，街前街后皆琼瑶，有朝一日天晴了，使扫帚的使扫帚，使锹的使锹。

官员见有人竟敢在衙门墙上胡乱涂鸦，当场大发雷霆，命手下人缉拿写诗人来治罪。被派去的人一想，这肯定是张打油干的好事，于是就把他抓来了。

官员问衙门墙上的诗是不是他写的，张打油不承认，还说自己写的诗比那首好多了。官员听了不相信，决定当场考考他。当时，安禄山的叛军刚好被困在了南阳，官员就要他以此为题，作一首诗。

张打油琢磨片刻后，便吟了一首诗："贼兵百万下南阳，也无救援也无粮，有朝一日城破了，哭爹的哭爹，喊娘的喊娘。"

官员听了哈哈大笑，没有治张打油的罪，高兴地把他放走了。从这以后，张打油和他的打油诗都出了大名。

名人有约

大嘴记者

特约嘉宾：杜甫

身份：诗人

大：大嘴记者　**杜**：杜甫

大：杜先生您好，听说，您和李白是好朋友对吗？

杜：是的，我30多岁的时候，在洛阳遇到李白。虽然我们的性格不一样，但都喜欢作诗，所以很谈得来。

大：您认为，您的诗和李白的诗有什么不同呢？

杜：李白是个浪漫主义者，所以他写的诗浪漫、豪迈；而我是个现实主义者，所以我写的诗更现实一点儿，朴素一点儿。

大：确实是这样的，我们知道，您写了很多反映百姓艰苦生活的诗，像"朱门酒肉臭，路有冻死骨"，写得真是太形象了。还有"三吏三别"（三吏即《新安吏》《石壕吏》《潼关吏》，三别即《新婚别》《垂老别》《无家别》）。听说这6首诗是在安史之乱时期写的？

杜：是的，当时，朝廷虽然已经收复了长安和洛阳，可是内战还没有停止，百姓的生活非常凄惨。

大：您能举一个例子吗？

杜：当时，为了对付叛军，朝廷到处抓壮丁。有一次，我路过石壕村，看天色晚了，就到一户人家投宿。他们家里只有一对老夫妻，半夜的时候，官差突然敲门……

大：是来抓壮丁的吗？
杜：没错。老大爷吓得翻墙逃跑了，老婆婆去开门，哭着对官差说，他们家本来有三个儿子，都被抓去打仗了。前些天一个儿子来信说，两个兄弟都战死了。家里已经没有男人了，只剩一个儿媳和吃奶的孙子。

大：这家人实在太悲惨了。那后来呢？官差放过他们了吗？
杜：老婆婆苦苦哀求，但都没用。最后，她被官差带走，给军队做饭去了。

大：唉，在战乱年代，受苦受难最深的还是咱老百姓啊。啊，对了，那首《石壕吏》就是根据这件事写的吧？
杜：对。"三吏三别"中的内容都是真实发生过的事情。

大：怪不得大家把您的诗称为"诗史"，原来您写的诗都是在实实在在地记录历史。
杜：事实上，我的诗只能记录一小部分，还有很多比这更残酷的事情，只是我没有看到罢了。

大：但愿从此天下太平，百姓不再受苦受难吧。好的，今天的采访就到这里了，向伟大的现实主义诗人致敬，下期再见！

广 告 铺

求名家题字

　　本人很喜欢杜甫的那句"读书破万卷，下笔如有神"，想把它当作座右铭，贴在书房最显眼的位置，用来鞭策自己。不过，本人的书法上不了台面，所以想请一位名家帮忙把这句话抄一遍，本人万分感激。

孟公子

铺面转让

　　本店原本经营廉价棺材，由于最近兵荒马乱，死人实在太多，本店的棺材被一抢而空，同时，进货渠道却被乱军截断，无法正常运货。所以，本人现急需转让铺面。铺面宽10米，长12米，就在洛阳城东城门口。有意者请与我联系。

一条龙棺材铺

越窑青瓷，诚意制作

　　越窑为全国六大青瓷名窑之首。我店盛产的越瓷佳品有茶具、执壶、盘、缸、钵、碗、杯、灯盏、熏炉等，件件如碧玉嫩荷般青翠莹润、细腻华美，并有独特的刻花和划花工艺，制作精良，堪称工艺与设计的完美结合，因此备受人们青睐。欢迎大家及外国友人前来选购。

越窑青瓷坊

第 9 期

〖公元762年—公元806年〗

复兴梦难圆

穿越必读

安史之乱后，唐朝由盛转衰，藩镇割据的状况越来越严重。为了加强中央集权，中央政府企图削弱藩镇势力，然而藩镇力量太过强大，收效甚微。就在藩镇日益猖獗的时候，宦官也开始专政。大唐王朝的复兴路，越走越艰难。

烽火快报

李辅国遇刺，皇上偷着乐？
——来自长安的加密快报

公元762年的一天晚上，已经被罢了官的大宦官李辅国在家中遇刺，第二天上午不治身亡。

李辅国在朝为官时作风不正，仇家特别多。那么，谁是真正置他于死地的幕后凶手呢？

来自长安的加密快报！

这几天，唐代宗（即唐肃宗的儿子李豫）一直忙着下令追捕凶手，并派宫中使者慰问李辅国的家属。但有人说，皇帝只是做做样子而已，实际上，他心里正偷着乐呢。

其实，这么说也不是空穴来风。我们都知道，要不是李辅国和程元振等人帮助唐代宗李豫杀了张皇后，代宗是不可能顺利即位的。代宗即位后，怀着感恩之心封李辅国为宰相。

可李辅国居功自傲，竟不把皇帝看在眼里，还说："陛下只管往里坐，事由老奴来处置。"唐代宗虽然心中不满，但因为李辅国手中握有兵权，只好忍气吞声（据说暗中利用程元振对付他）。

堂堂一个皇帝，居然被奴才控制朝政，这难道不是莫大的耻辱吗！所以有人猜测，这次派人刺杀李辅国的，正是被他欺压过的李豫。

其实，不管是谁杀的，像李辅国这样祸国殃民的人，谁不希望他早点儿毙命呢？

社稷之臣郭子仪

经过8年的安史之乱后,唐朝元气大伤。让人痛恨的是,当初为了讨伐叛军,西部军大部分被撤回,吐蕃居然乘虚而入,占领了唐朝大片土地,公元763年直逼长安。而节度使们害怕被宦官程元振所害,竟然没有一个人来解围。

在程元振的唆使下,唐代宗只好暂时逃到陕州避难。吐蕃人将长安洗劫一空,不少百姓家破人亡。

在这关键时刻,唐代宗重新请被先帝撤职的郭子仪出马。郭子仪不愧是沙场老将,他率兵来到陕西蓝田,一面白天击鼓扬旗,夜晚点火,迷惑敌人,一面派人化装潜入长安,组织城里人到处说:"郭令公(即郭子仪)亲率大军来了!"

吐蕃兵如惊弓之鸟,不战而逃。郭子仪不负众望,收复了陷落了15天的长安。

然而,程元振深知大臣们都很痛恨自己,于是不想让天子回京,劝皇帝暂时把洛阳作为都城。唐代宗同意了。

郭子仪听说了,深感不安,上奏说:"长安自古以来就是大唐的都城,进可攻,退可守。陛下这次东巡,是因为军中兵士并不是精兵,很多人只是挂个虚名,来逃避国家的征赋,所以等到打仗的时候,一百个人里面没有一个人能打。甚至有的人为了免去军籍,暗中贿赂官员,而且宦官们也没有把各地的实情告诉你,导致各种政务都荒废了,这才让陛下感到震荡

不安。但这都是因为委任失当,怎么可以说是长安不好呢!"

"如果您是担心京城遭到抢掠,粮食不足,国用缺乏。依臣之见,只要轻征薄敛,抚恤百姓,简选贤才,没几个月就可以恢复的。"

唐代宗看过上表,流着泪对左右侍官说:"子仪如此忠心,真正是社稷之臣,朕要及早回京师。"

当代宗回到长安时,郭子仪伏地请罪,皇帝将车停下来,说道:"这都是朕的错,没有及早用卿,所以才到今天这种地步。"之后,还赐给他铁券(免死牌),并在凌烟阁为他画像,以表彰他的兴唐之功。

郭子仪单骑退回纥

仆固怀恩是唐朝的一员大将，曾经跟着郭子仪平叛安史之乱。他的家族里有46个人为国殉难，可以说是满门忠烈。可是，却有宦官诬陷他跟回纥勾结。

一气之下，公元765年，仆固怀恩真的勾结回纥与吐蕃，发动了反叛。他还骗回纥人与吐蕃人说，郭子仪已经被宦官鱼朝恩杀死了。

在朝着长安进军的路上，仆固怀恩突然病死了。回纥和吐蕃联军继续进攻，一直打到泾阳（在今陕西省境内），直逼长安。

郭子仪正驻守在泾阳，可他手下的兵马并不多。幸好这时，探子回来报告，说自从仆固怀恩死后，回纥与吐蕃就闹不合。

郭子仪听了，决定施行反间计。因为回纥的将领曾经跟他一起平定过安史之乱，所以，他打算把回纥争取过来。

当天晚上，郭子仪就派部将李光瓒（zàn）去了回纥大营。李光瓒见到回纥都督药葛罗后，说："郭令公让我来问你，唐朝与回纥一向友好，这次为什么前来进犯呢？"

药葛罗很惊讶，说："你别骗我，郭令公已经被人杀了。"

李光瓒说得嘴唇都干了，药葛罗还是不相信。李光瓒只好回去报告了郭子仪。于是郭子仪决定亲自去回纥大营走一趟。

有人提出派500名精兵保护元帅，但郭子仪拒绝了，说："人带多了反而坏事。"于是，只带了几个随从就出发了。

天下风云

郭子仪靠近回纥大营后,随从们大声喊道:"郭令公来了!郭令公来了!"

药葛罗跑出来一看,马上的人不是郭子仪是谁!于是激动地叫起来:"啊,真是郭令公他老人家!"说完,就领着大伙给郭子仪行礼。

郭子仪下马后,走到药葛罗面前说:"回纥曾经立过大功,这次为什么要帮助仆固怀恩造反呢?今天,我只身来这里劝你们悬崖勒马,已经做好了被你们杀掉的准备,但是,我的部将一定会找你们拼命的。"

药葛罗羞愧地说:"您别这么说,我们也是上了仆固怀恩的当,以为令公和皇帝都死了,中原没了主人,这才跟来的。我们哪会跟令公您打仗呢。"

就这样,郭子仪和回纥签订盟约,打算一起对付吐蕃。吐蕃军得到消息后,马上收拾东西,连夜撤军了。

德宗削藩困难重重

公元779年，唐代宗李豫在长安宫中病逝，太子李适即位（即唐德宗）。李适的少年时代是幸福的，直到爆发安史之乱，他才亲历了战火的洗礼和动荡的生活。

因此，他登基以后，决心不惜使用武力，也要改变藩镇割据的局势，光复大唐。

公元781年，河北成德节度使李宝臣病死了。按以往的做法，藩镇节度使死后，他的职位和土地将传给他的儿子李惟岳。但唐德宗李适拒绝了这个要求。

可李惟岳怎么会甘心呢？他立刻联合了其他三个节度使，准备用武力反抗朝廷。

唐德宗听到消息，马上派支持朝廷削藩的卢龙节度使朱滔调兵驻守关东，并亲自在长安设宴犒劳三军，鼓舞士气。初次交锋，德宗就取得了胜利：李惟岳被部下王武俊杀死，其他三个节度使只剩下一个独自应战。

眼看胜利在望，唐德宗却做出了一个让他后悔一生的决策：任命一个降将为节度使，利用他去攻打其他藩镇。这个不太高明的方法引起了朱滔等节度使的不满，形势急转而下。

公元782年年底，朱滔自称冀王，恒冀都团练观察使王武俊称赵王，淄青节度使李纳称齐王，魏博节度使田悦称魏王，"四王"以朱滔为盟主，

天下风云

藩镇怎么那么难攻呢!

再加上淮西节度使李希烈（不久又称楚帝），一起对抗朝廷。战火从河北一直烧到河南。

公元783年，唐德宗准备把泾原的兵马调到前线去平叛，经过长安时，士兵们因为没有得到赏赐，吃的又是糙米素菜，起哄造反（史称"泾师之变"），拥立朱滔的兄长（曾担任泾原军统帅）朱泚（cǐ）为大秦帝。

唐德宗只好逃到奉天（即今陕西省乾县）避乱，结果朱泚一路追到奉天，差点把城池攻破。幸好禁卫军将领浑瑊（jiān）浴血奋战，再加上前线的大军撤回来护驾，这才保住了奉天，可削藩之战也被迫停止了。

后来，唐德宗派神策军大将李晟（shèng）收复了长安，朱泚也在逃跑中被部下杀死。可是，唐德宗削藩的热情遭到了严重打击，从此对藩镇问题开始睁一只眼，闭一只眼。

给颜真卿的一封回信

编辑老师：

你们好！

我是唐朝的一名老臣，今年已经快80岁了。前不久，淮西节度使李希烈叛乱，宰相卢杞派我去作思想工作。

我刚见到李希烈，还没说上几句话，就被他的手下包围了。他们一个个手拿尖刀，又是谩骂又是恐吓。哼，我活了这么一大把年纪，什么场面没见过，还会怕这些毛头小子？

这时，李希烈才假惺惺地站出来阻止他们，让人把我送到驿站。

几天后，又有人来劝我说，李希烈当皇帝，就封我当宰相。我把他们痛骂了一顿，他们也太小看我了，我怎么会被这种诱惑坏了名节呢？

李希烈见我不答应，就把我关起来，还让人在院子里挖了个大坑，说要把我活埋了。

我知道自己落在李希烈手里，肯定是活不长了，只是没能完成朝廷派给我的任务，我感到很惭愧。

颜真卿

颜老：

您好！

我们早就听说了您的大名。您不仅是一位德高望重的老臣，还是一位大名鼎鼎的书法家。大家都知道，"颜体"楷书就是您创造的。

这次，您虽然没能完成朝廷的任务，但您不用感到惭愧，该羞愧的是卢杞！他这个人阴险狡诈、嫉妒贤能，所以故意给您派了这个危险的任务，目的就是想趁机除掉您。

我们会将这封信刊登出来，让大家看看卢杞的不良居心，并衷心希望您能够转危为安。

报社编辑

（李希烈称帝后，再次派部下劝颜真卿投降。颜真卿宁死不屈，最后被杀害了。）

百姓茶馆

江南果农张致富

长达8年之久的安史之乱总算到了头,但最近听说又有了些新的叛乱,不过没有以前的可怕,也基本没有影响到咱老百姓的生活。

夏天来了,李树、桃树上面都结满了果子。希望今年能够有个好收成,不再像往年那样,果子还没成熟,就被那些外地逃难来的人给偷吃了。唉!大家都不容易啊!

花农小钱

听说,皇上(唐德宗)在奉天避难时,下了一道罪己诏!他在诏书中宣布,都是因为自己的失误,才引起藩镇之乱,所以,那些叛乱的节度使都被赦免无罪,连朱滔都被赦免了。

屠夫老高

正因为有这个赦令,王武俊、李纳、田悦这些人才取消了王号,向朝廷请罪,不然,战乱还不知道持续到什么时候呢!说不定又是一个"安史之乱"。

某私塾先生

可是皇上这样姑息藩镇,长久下去,藩镇越来越专横,一定会造成更大的危害。唉,真是令人担忧啊!

天下风云

胡作非为的五坊小儿

李晟为大唐立下了汗马功劳，可也引起了唐德宗的猜忌。于是，唐德宗撤掉他的兵权，把神策军交给宦官掌握。从此，宦官的势力越来越大。

仗着皇帝的宠爱，宦官们千方百计地欺压、剥削百姓。他们在长安开设了一个"五坊"，专门为皇帝养雕、鹰、狗等玩物。他们想敲诈谁，就把鸟网往谁家门口一挂，别人出门碰到鸟网，他们就说那人吓走了皇帝的鸟雀，要他赔钱。人们对这些宦官恨得咬牙切齿，都叫他们"五坊小儿"。

"五坊小儿"去饭店吃饭，从来都是吃饱喝足，拔腿就走。店主要是敢问他们要钱，不是一顿臭骂，就是一顿暴打。有一次，一群"五坊小儿"在饭店里喝得醉醺醺之后，将一袋蛇交给店主，说："大爷今天没带钱，把这袋蛇放在这里作抵押。这是用来给皇上捉鸟雀的，你可得给我好好养着，出了差错，就要你脑袋！"

店主吓得魂飞魄散，哪里敢要钱，只求他们赶快把蛇带走。

"五坊小儿"胡作非为，可谁也不敢得罪他们，没办法，谁叫他们背后有皇帝撑腰呢。

刘禹锡和《陋室铭》

刘禹锡是我国著名诗人。他最出名的作品有《陋室铭》《乌衣巷》等。说起《陋室铭》，这里面还有个精彩的小故事。

有一年，刘禹锡因为参与唐顺宗的革新活动，得罪了当权宦官，被贬为安徽和州通判。按规定，通判应住在衙门里，拥有三间屋子。可和州知县见他是被贬来的，就安排他住在县城南门，面江而居。

刘禹锡不但不埋怨、不生气，反而高兴地在房门上贴了一副对联：面对大江观白帆，身在和州思争辨。

知县气坏了，又让刘禹锡搬到城北门，原来的三间房也改为一间半，不临江但靠着河，河边是依依杨柳。

刘禹锡又高兴地写了一副对联：杨柳青青河水平，人在和州心在京。

知县见他还是不烦不恼，就将他再次调到城中，而且只安排一间房给他，里面仅能摆下一张床、一张桌子和一把椅子。

谁知刘禹锡住进去之后，还是笑口常开，写下了广为传诵的《陋室铭》一文："山不在高，有仙则名。水不在深，有龙则灵。斯是陋室，惟吾德馨……"并请人把文章刻在碑上，立在门前，用来鞭策自己。

这下，知县拿心胸豁达的刘禹锡一点儿辙都没啦！

驸马打公主，皇帝丈人气量大

因为郭子仪立了大功，唐代宗便把升平公主嫁给了他的第六个儿子郭暧。婚后，这俩人一直甜甜蜜蜜。可是前两天，这对令人羡慕的小夫妻发生了口角。

原来，那天郭子仪过寿，全家都来给他老人家祝寿，只有升平公主没到。郭暧一怒之下，借着酒劲，打了升平公主，还口不择言地说："你父亲是皇帝了不起吗？我父亲还不愿当皇帝呢！"

公主哭着跑回宫去告状。唐代宗劝女儿说："他父亲不爱当皇帝是真的，要不然，天下哪里还有我们李家的份！"

而郭子仪知道儿子打"金枝"后，就气冲冲地把儿子绑了，去向唐代宗赔罪。因为要知道，打了皇帝的千金，可是死罪一条啊。

面对负荆请罪的郭氏父子，唐代宗亲切地安慰说："小两口吵架而已，何必这么小题大做呢。我这个老丈人就当耳聋，没听见这回事好了！"

郭子仪听了，非常感动，当即谢过皇恩，回到家后，又把儿子痛打一顿。从这以后，小两口就再也没吵过架，公主也没有像以前那么任性，一家人的小日子过得和和睦睦。

名人有约

特约嘉宾：李诵

身份：唐顺宗（唐德宗的儿子）

大：大嘴记者　**李**：李诵

大：您好，欢迎做客《名人有约》。我觉得您是个非常有特色的皇帝，您知道我接下来要说什么吗？（狡猾一笑）

李：说我做太子的时间太长，有26年之久？

大：答对一部分。还有呢？

李：我儿子多，有27个。

大：最好玩的是，您还有一个儿子因受到德宗的喜欢，而被德宗收为继子。这样一来，您就和自己儿子成为哥们儿了。这感觉很奇妙吧？

李（一脸囧态）：这个……不提也罢！

大：好吧，咱们言归正传。我想知道，您一即位就取消了五坊，是打算对付宦官吗？

李：没错，这些宦官太可恶了。我当太子的时候，王叔文就跟我说过他们的恶行。我本来想向父皇禀报的，只是被王叔文劝住了。

大：王叔文是谁？他为什么要阻止您向皇上禀报呢？

李：他是陪我读书的官员，经常向我反映宫外百姓的情况。他阻止我是怕我得罪那些宦官，他们要是在父皇面前诬陷我，说我收买人心，那我今天就不能在这里接受采访了。

名人有约

大：原来是这样，所以，您听了王叔文的话，一直隐忍，直到当上皇帝，这才拿宦官开刀。

李：是的，王叔文帮了我很多。我当太子的时候，他还暗中帮我物色有能力的官员，告诉我将来谁可以当宰相，谁可以当将军。我登基后，想改变藩镇割据、宦官专权的局面，就任命他为翰林学士，进行改革。协助他改革的还有王伾（pī），以及韩泰、韩晔、柳宗元、刘禹锡、陈谏、凌准、程异、韦执谊8个人。

大：这么说，取消五坊也是改革的一部分？

李：没错，这只个开始。我们还打算夺走宦官的兵权，让他们再也嚣张不起来。

大：哈哈，那真是太好了！皇上，我听说您与刘禹锡、柳宗元交情不错，是真的吗？

李：我们都是很好的朋友，经常在一起下棋、品文章。

大：您好像还写得一手好字，是吧？

李：还行！我比较擅长隶书。父皇作诗赐给大臣的时候，就经常让我来写。

大：皇上，您身上的闪光点可真多啊……

李：停停停……你口才很好，但我不得不打断你的话，我想说的是——别总是夸我了，我会不好意思的。

大：好的，那我们这期采访就到这里吧，《名人有约》再次感谢您的参与和配合！

（注：因为唐顺宗李诵在登基前中风，一直不能讲话，所以在采访中，唐顺宗都是用书面方式跟记者交流的。）

广告铺

广告铺

招割麦工人

　　我的丈夫前些年在安史之乱中去世了。如今到了割麦季节，家里缺少男劳力，急需招两名割麦工人，包吃包住，工钱面议。

农妇杨氏

平民马球赛即将开始

　　当下宫中最流行的运动是什么？当然是马球！大唐王朝几乎没有一个皇帝不爱打马球！将军李晟也是出了名的爱打马球。但是，马球不是皇家贵族的专利，明天下午，城南将举办一场平民马球赛，欢迎大家前来观看。

平民马球会

册封诏令

　　因顺宗在位时间短暂，其妃嫔未来得及册封为皇后和妃子，顺宗就成了太上皇，因此，各位嫔妃将直接从皇太子时的良娣、良媛加封为太上皇后、太上皇德妃。

唐宪宗

智者为王

智者第❸关

1. "阳春有脚"说的是谁?
2. 安乐公主是谁的女儿?
3. 唐玄宗开创了唐朝的鼎盛时期,史称什么?
4. "一骑红尘妃子笑,无人知是荔枝来",诗句中的"妃子"指的是谁?
5. 唐玄宗是睿宗李旦的第三个儿子,他是怎么被立为太子的?
6. 将谁除掉之后,唐玄宗终于掌握了皇帝应有的权力?
7. 什么事件使唐朝由盛转衰?
8. 杨贵妃在什么地方被杀?
9. 安史之乱前后持续了多少年时间?
10. 唐朝第一个在都城以外登基,再进入长安的皇帝是谁?
11. 安禄山是怎么死的?
12. 安史之乱后,谁将乘乱侵入长安的吐蕃军赶走了?
13. 唐朝第一个完全由宦官拥立的皇帝是谁?
14. 宦官李辅国是被盗贼刺死的吗?
15. 什么是"罪己诏"?
16. 做太子长达26年,在位时间却不足一年,就立即做了太上皇的皇帝是谁?
17. "口蜜腹剑"说的是谁?
18. 《石壕吏》是谁的作品?
19. "山不在高,有仙则名。水不在深,有龙则灵。"出自刘禹锡的哪篇文章?

第❿期

〖公元805年—公元826年〗

宪宗武力削藩

穿越必读

　　唐宪宗李纯即位后，勤勉治国，武力削藩，并取得了一定的成果，使唐室出现了中兴的气象。可同时，他也大肆提拔、任用宦官，这为后来的宦官专政埋下了祸端，也为唐朝的终结种下致命的祸根。

烽火快报

顺宗真是病死的吗？
——来自长安的加密快报

公元805年8月，李诵（即唐顺宗）退位当了太上皇，他的长子李纯（即唐宪宗）正式登基。从皇太子，一跃登上权力的顶峰，宪宗仅用了4个月。这箭一般的速度，再加上种种事迹，表明此次登基非比寻常。

首先，最早建议让太子监国的剑南西川节度使韦皋，在太子登基不到半个月内，突然暴死家中。而同时提出这一建议的，还有荆南和河东两地的节度使。他们相差千里，如果没有人在幕后指使，步调怎么会如此一致呢？这是巧合还是事出有因？

来自长安的加密快报！

其次，当李涌以太上皇的身份住进兴庆宫之后，唐宪宗便声称太上皇有病，再也不允许大臣和他相见。

再次，唐宪宗刚坐上皇位，宫外便发生了一件奇怪的事。隐士罗令则从长安赶到秦州，说是奉太上皇的诏令，向陇西经略使刘澭请兵，要废除宪宗，另立皇帝。结果刘澭告密，逮捕了罗令则，还将他的党羽全部灭口。

更可疑的是，公元806年正月，唐宪宗刚宣布太上皇病重，第二天太上皇就病死了。因此有人怀疑，太上皇其实早就死了（多半是被宪宗害死的），宪宗那样向天下通报，不过是为了掩盖太上皇的死亡真相。

真相到底如何，已经没人知道。人们只知道，唐顺宗一垮台，王叔文的改革也被迫停止了。宦官因为拥戴唐宪宗有功，在朝廷中的势力反而越来越大。

宪宗削藩，李愬突袭蔡州

自从安史之乱以来，朝廷为了平叛，大封节度使，全国几乎到处都处于藩镇割据的状态。到了唐德宗时期，藩镇势力更为嚣张，根本不把中央政权放在眼里。

唐宪宗从小对唐太宗、唐玄宗开创盛世的故事，十分仰慕，很想恢复大唐以往的威风。他登基以后，接连进行了多次削藩战争。

公元814年，淮西节度使吴少阳去世后，他的儿子吴元济隐瞒了这个消息，擅自接管了军权，拥兵自立。唐宪宗派兵镇压，打了三年，都被一一打败，没有人再敢出战。

这时候，李愬（sù）挺身而出，愿意领军平叛。唐宪宗十分高兴，给他封了个唐州（今河南省泌阳县）等三州节度使的官，让他去攻打蔡州。唐州的将士因为接连战败，士气低落，所以李愬到了唐州，一家一家上门慰问，将士们十分感动，包括降将，都心甘情愿为他效力。

一天，有人告诉李愬："现在，叛军的主要兵力全都驻扎在蔡州城外，城内都是一些老弱残兵，我们不如乘虚而入，打他个措手不及。"

第二天，李愬便下令兵分三路，秘密向蔡州出发。当时天上正下着鹅毛大雪，寒风刺骨，加上天黑看不清路，将士们暗暗叫苦，但谁也不敢违抗军令。

一直走到第二天三四点钟，军队才到达蔡州城下。李愬担心动静太大，会被敌军发现。正好路边有一个养鹅鸭的池塘，李愬急中生智，吩咐

天下风云

将士们往池塘里扔石头，鹅鸭受了惊吓，"嘎嘎嘎"地乱叫，掩盖了人马发出的声响。

士兵们在城墙上挖了一个个小坑儿，然后一步一步爬上了城。守城的士兵睡得正香，毫无防备就被杀了。

第二天天亮，雪停了，有人发现李愬军队进城了，赶紧向吴元济报告："不好了！官兵到了！"吴元济正躺在床上喝酒，不信。

过了一会儿，又有士兵急匆匆地来报告："城门已经被打开了。"吴元济还是不信。

直到外面传来了成千上万人的喊杀声，吴元济害怕了，这才赶紧穿上衣服迎战。然而，此时他已经被重重包围，怎么打得过呢？挣扎了半天，吴元济只好放下兵器投降。

最后，李愬成功地消灭了乱党，一战成名。淮西割据三十多年后，复归唐朝统治。

后续报道

　　唐宪宗削藩结束了自唐代宗以来，六十多年的藩镇割据状况，使全国重新恢复了统一与安定。同时，它也使国家的人力、财力耗费巨大，而且削藩也削得并不彻底，因此唐宪宗去世后，藩镇又重新开始割据。

宦官横行，宰相忧心

编辑老师：

你们好！

大家都知道，当今皇上（唐宪宗）非常宠信宦官，不少宦官还手握兵权。他们仗着皇帝在背后撑腰，整天胡作非为。

前段时间，宦官杨朝汶大肆发放高利贷，有些人还不起钱，他就把人家抓起来，动用私刑，死命拷打。我调查了一下，被他囚禁的竟然有上千人！这实在是太令人气愤了！

作为宰相，除掉这些朝廷的"毒瘤"是我义不容辞的责任。我把杨朝汶的暴行禀告了皇上，可皇上却跟我说，山东藩镇正在叛乱，让我去平叛，像杨朝汶这种小事，交给他处理就行了。我知道，皇上这是想包庇杨朝汶呢。于是我争辩说，山东叛乱只影响山东一个省，可宦官却在祸害整个朝廷。相比之下，山东叛乱是小事，宦官横行才是大事。皇上这才下令将杨朝汶杀了。

虽然处置了一个杨朝汶，但还有无数"杨朝汶"逍遥法外。眼看宦官当道，我对大唐的将来真是担忧啊！

裴度

裴大人：

您好！

我们早就听说了您与宦官作斗争的事迹。听说，您还是御史中丞那会儿，有一次，杨朝汶去下圭县办事，因为县令裴寰（huán）没有讨好他，就诬告裴寰辱骂皇上。皇上信以为真，把裴寰打进大牢。您知道后，立刻到皇上面前说明了真相，裴寰这才逃过一劫。

现在，您除掉了杨朝汶，百姓们都拍手称赞呢。的确还有很多宦官逍遥法外，不过，要是朝廷多一些像您这样正直的大臣，我们相信，宦官是嚣张不了多久的。

报社编辑

唐宪宗迷上了长生术

自从唐朝开国以来，就奉太上老君李聃（dān）为远祖，以道教为"国教"，而道教又宣传通过服用丹药，就可以长生不老。

公元818年，削藩成功后，唐宪宗李纯也迷上了道教的长生术，并下诏征召天下方士。宰相皇甫镈（bó）举荐山人柳泌，说他能炼出长生不老的丹药。

柳泌来到长安炼制丹药，炼了很久没有炼出来，就向天子提出："听说天台山是神仙居住的地方，有很多灵草，如果陛下让我去那里任职，我一定能为陛下求得仙药。"

唐宪宗求药心切，于是任命柳泌为代理台州刺史。

大臣们纷纷上奏："本朝从来没有让方士出任刺史的先例！"

唐宪宗听了，勃然大怒，把这些大臣臭骂了一通，说他们不懂"为臣之道"，一点儿也不关心陛下的龙体。

不过，世上本来就没有什么"不死之药"，柳泌又怎么可能找到呢？所以，他在台州折腾了一年，还是一药无成。

这时，他害怕了，想起一句古语"三十六计，走为上计"，便举家逃入深山。

谁知，这事让浙东观察使知道了，急忙派兵把他抓了回来，押往长安。唐宪宗"宽大为怀"，不仅没有治柳泌的罪，还继续服用他炼制的丹药。

服了这些"仙丹"，人马上就会有两个不良反应：一是口渴难耐，二是脾气暴躁。所以，唐宪宗的气色一天比一天难看，脾气一天比一天暴躁，有时发起火来就像一头猛虎，身边的宦官、宫女动不动就被他喝令推出去斩首。

于是，宫里的人天天提心吊胆，生怕哪一天自己的这条小命就保不住了。幸运的是，公元820年的一天夜里，唐宪宗突然"毒发身亡"。

不过，也有人透露，唐宪宗其实是被内侍陈弘志活活勒死的！如果真是这样，一代英主会惨死在家奴的手中，实在是可悲啊！

后 续 报 道

唐宪宗死后，河北三镇就再次叛乱，大唐帝国再也没有统一过。在此后的几十年里，宦官得以把持朝政，左右皇帝，成为国家政治舞台上的主角。

染坊工人大闹皇宫

公元824年,宫里发生了一场惊心动魄的变故,把皇帝李湛(即唐敬宗)吓得躲了起来,这究竟是怎么回事呢?

原来,唐敬宗即位时才16岁,正是贪玩的年龄,由于他热衷马球,总是不分昼夜地举办马球比赛,早上根本就不上朝,大臣们怎么劝都没用。这样一来,整个长安城都知道了皇帝是个马球迷。

长安城有个卜卦的无赖汉,叫苏玄明。他听说了这事,就找到了自己的好朋友张韶。张韶是朝廷染坊的役夫,专职供给印染,时常进出皇宫。

这天,苏玄明对张韶说:"张兄啊,昨天我给你算了一卦,卦象上说,你是真命天子,命中注定要坐金銮殿的。"

张韶一听,马上来了兴致,说:"那怎么才能坐上去呢?"

苏玄明故作神秘地说:"这小皇帝李湛自从登基以来,一天到晚在打马球,就没上过几次朝,这不是天赐良机吗?"

张韶大喜,马上召来了一百多名染坊工人,将他们和兵器藏在运送紫草的车上,准备混进宫中。

不料,还没到达目的地,就有个守卫发现了破绽:紫草再多,也不会把车轮压得咯吱咯吱响啊,于是拦住车辆,想看个究竟。

眼看事情就要败露,张韶干脆抽出刀来,杀了这个"不识时务"的守卫。藏在车里的人也纷纷跳出来,拿着兵器,呐喊着向皇宫冲去。一时间,宫内杀声四起。

天下风云

这时，唐敬宗正在与太监们打马球呢，突然见有人冲进来，吓得赶紧躲了起来。张韶杀进皇宫大殿后，在众人的簇拥下，真的坐在了皇帝的宝座上，还兴奋地表彰苏玄明："你还真有两下子，我还真坐上了皇帝宝座。"说着，就要和苏玄明喝酒庆功。

苏玄明大吃一惊说："难道你坐上皇帝宝座就是为了喝酒吗？"

"是啊，不然，接下来做什么呢？"

还没等他们说完，皇帝派来的军队闯了进来。张韶一伙杂牌军哪是这些正规军的对手，一阵乱箭砍刀，他们就被杀得七零八落，全军覆没。一场闹剧就此收场。

百姓茶馆

某文官

俗话说得好：苍蝇不叮无缝的鸡蛋。这皇上（指唐敬宗）若不是太贪玩，这几个无名小辈能杀进宫去，还坐到皇帝的宝座上吗？皇上不争气，有什么办法呢？

这个张韶也真可惜，放着好好的差事不做，听信所谓朋友的预测，去当什么皇帝，结果钱没了，小命也没了，交友不慎啊！

染坊张老板

李半仙

这个苏玄明也真糊涂，真要是想打皇帝的主意，也不能随意找个胸无大志的印染工人啊，到头来，不但丢了命，还遗臭万年。张韶倒是坐了回龙椅，过了把瘾，他得到什么了啊！

最近，我们对丹药进行了详细分析，结果发现，这些丹药都是由稀有金属和矿物质炼成的，根本不具备延年益寿的功能，吃多了会使人丧命，请大家不要再上那些江湖骗子的当。得了重病，还是找我们大夫看病才是正经的。

大夫张某

会作诗，"居"也容易

"离离原上草，一岁一枯荣。
野火烧不尽，春风吹又生。
远芳侵古道，晴翠接荒城。
又送王孙去，萋萋满别情。"

这首《赋得古原草送别》是不是很好懂呢？它就是鼎鼎大名的诗人白居易写的。白居易的诗有一个很大的特点，那就是非常通俗易懂。据说，他每写完一首诗，都要念给不识字的老婆婆听，如果老婆婆有听不懂的地方，他立刻修改。

白居易五六岁就能写诗。他十五六岁时，父亲让他去长安见见世面。当时，长安有个叫顾况的文学家，仗着自己有些名气，很瞧不起那些初出茅庐的诗坛小辈。

有一次，白居易去拜访顾况，递上自己的名帖（相当于现在的名片）和诗卷。顾况看了看名帖，见上面写着"白居易"，就皱着眉头说："长安米贵，居不易！"意思是，长安的物价太贵，你来这里居住，很不容易啊！

不过，当顾况打开诗卷，读了那首《赋得古原草送别》后，他立刻换上笑脸，说："啊，刚才我跟你开玩笑呢。你能写出这样的句子，不管去哪里，居住都容易！"

新 闻 广 场

从那以后,顾况见人就夸白居易的诗写得好。渐渐地,白居易在长安出了名。

几年后,白居易考取进士,做了官。他可不像有些官员,只知道追名逐利,拍上司的马屁。他非常关心百姓的生活,写了很多反映现实的诗。那些欺压百姓的宦官,以及荒淫无度的官员都被他狠狠地讽刺过。得罪了这些人,白居易自然没有好果子吃,后来被贬到江州(今江西省九江市)做司马。

被贬官的白居易心情很郁闷。有一天晚上,他在江边送客人上船,突然听到一阵凄凉的琵琶声,就邀请弹琵琶的女子上船。这个女子告诉他们,自己是京城人,年轻的时候因为长得漂亮,琵琶也弹得好,受到了很多人的追捧。后来年纪大了,没人再追捧她,她就嫁给了一个商人。商人天天在外面赚钱,她只能孤独地守着空船,回忆往日欢乐的时光。

白居易听了感慨不已,他认为自己与琵琶女的命运相同,就为她写了一首《琵琶行》。这首诗感情真挚,非常精彩,尤其是一句"同是天涯沦落人,相逢何必曾相识",更是震惊了整个诗坛。

柳宗元凿"龙脉"

公元815年,著名的文学家、思想家、政治家柳宗元被贬到柳州做刺史。

在柳宗元来柳州之前,这一带是没有水井的,一千多户人家吃水用水,都靠背着小口大肚的罂(yīng)瓶,沿着狭窄的崖道上下,去柳江边上打水。如果遇到旱季,柳江的水变浅,到江边的距离就更远了;而遇到雨季,道路泥泞,取水就更加危险,稍不留神,取水的人就会从陡坡上翻滚下去,轻的摔断手脚,重的还会送命。

这里的人们为什么不自己挖水井呢?其实也曾有人试挖过,但都崩塌了,说是伤了"龙脉",破坏了"风水",因此大家都不敢再胡乱开凿。

柳宗元来柳州后,偏偏不信那些风言风语,他命令部下蒋晏率领几十名军士,在城北隍上开凿当地的第一口水井。通过不分昼夜地紧张施工,一直凿到66尺深,最后终于涌出了一股清澈的井水。

老百姓听说后,都齐刷刷地跑来观看这一奇迹。当喝到清甜的井水时,他们不禁欢呼雀跃起来,大声称赞柳大人为百姓做了件大好事。

唐穆宗骗字

柳公权是我国著名的书法家,与颜真卿并称为"颜柳"。他不仅书法硬朗,为人也是刚正不阿。遗憾的是,他只当了个小官。

有一次,一个偶然的机会,唐穆宗李恒看到了柳公权的字,赞不绝口,就把他召入宫,问:"你的字写得端正、刚劲有力,朕的字却怎么也写不好,怎样才能把字写好呢?"

柳公权听了,心想:早就听说皇上整天吃喝玩乐,不理朝政,我何不借此机会劝劝他?于是他说:"写字,要先握正笔。用笔在心,心正则笔正。当年太宗心怀天下,书法就写得很不错,深得王羲之遗风。陛下如果向太宗皇帝学习,必然也能写出一手好字。但要是一味享乐,不仅写不出好的字,还会荒废国事。"

唐穆宗听了没生气,赏给他黄金百两,还提出让柳公权为自己写一幅字。

柳公权推脱说:"写字这事儿先放一边,现在西北边境混乱,陛下当以国事为重。"

听完柳公权这些话,唐穆宗闷闷不乐。回到宫里,宦官陈弘志见皇上不高兴,便给唐穆宗出了个主意。

没多久,柳公权被封了个右拾遗(即言官),进宫谢恩。唐穆宗便与他商量西北边境问题。

这时,一个内侍官走进来斟茶,他看了一眼柳公权,故意装成惊讶的

八卦驿站

样子说:"这不是柳大书法家吗?在下早就想向你请教书法,只是一直没有机会见到你。"

唐穆宗便趁机笑呵呵地说:"柳爱卿,这位是宫中有名的大书法家。难得两个大书法家相遇啊,何不比试比试?"

柳公权真以为遇到了高手,也想切磋一番。内侍官叫来一名宫女给他磨墨。谁知宫女一不留意,将墨砚打翻在桌子上。

唐穆宗脸色一变,怒喝道:"没用的东西,推出去斩首!"

柳公权连忙跪下求情:"书法本是高雅之事,我们可不能为了比试书法而杀人啊!"

唐穆宗沉吟片刻,说:"我知道你书法了得,不如你就当场写一首诗吧,如果诗写得好,我就宽恕她,否则……"

柳公权连忙答应了。就这样,唐穆宗顺利骗到了柳公权的字,而柳公权却还被蒙在鼓里呢!

名人有约

身份：唐宪宗

大：大嘴记者　**李**：李纯

大：您好，欢迎来到《名人有约》。原来陛下长得如此英明神武，难怪您爷爷唐德宗很喜欢您了。

李：嗯，我小时候，爷爷经常抱我去后花园玩，有一次他还逗我说："你是谁家的孩子呀，怎么会在我怀里？"我回答说："我是第三天子。"

大："第三天子"？这是什么意思呀？

李（笑）：这还不简单，按祖、父、子的顺序，我爷爷是第一天子，我父亲是第二天子，我当然就是第三天子啊。

大：哦，我还以为是指继唐太宗、唐玄宗之后的第三天子呢！您知道的，大家现在都把您跟他们两个相提并论呢！

李：不敢当！不过是削藩取得了一点儿小小的成果，有很多问题还没有解决，任重而道远啊！

大：虽然没有开创辉煌盛世，但自从您上台之后，不少藩镇都被您打趴下去了，这点已经很厉害了。

李：敢造皇帝的反，当然不会有好果子吃的。

大：那藩镇叛乱平定之后，他们的家属女眷通常是怎么处理的？

李：女的嘛，基本上是充入后宫当宫女。要是有特别漂亮聪明的，就封为妃子。

名人有约

大：比如说秋妃杜秋娘？

李：哈哈！记者的消息果然灵通啊。我那杜秋娘不但能歌善舞，还能作曲填词，那首现在流行的《金缕衣》就是她唱的……

大：这首曲可是相当有名啊。(唱)劝君莫惜金缕衣，劝君惜取少年时。花开堪折直须折，莫待无花空折枝。

李(鼓掌大笑)：一字不差！不错，会唱我爱妃的曲，来，赏银一百两！

大(高兴地咧开了嘴)：谢陛下！既然您这么高兴，我这有一事，有人非要托我问一下！

李：哈，没事，我今儿个心情好，问吧！

大：听说后来大臣们讨论给您上尊号时，一个宰相皇甫镈主张加"孝德"二字，另一个宰相崔群却认为"睿圣"二字已经很好了，不必再加"孝德"。您为什么要大发雷霆呢？

李(流汗)：我虽然是个皇帝，也是别人的儿子。做儿子的要"孝"，这是理所当然的，崔群却说不用加，这不是说我不配用这个字吗？

大：您太多心了，如果真正孝顺的话，又何必在意别人说您孝不孝呢？除非，如民间猜测，宦官逼先帝退位，得到了您的默许？

李：无稽之谈！我再重申一遍，先帝是得重病去世的……罢了，我累了，想去休息。

大：好吧，这期采访就到这里吧！亲爱的朋友们，咱们下期再见！

广 告 铺

飞钱飞钱，让您出门更方便、更安全

考虑到商人外出经商时，无论是携带铜钱还是携带绢帛，都很不方便，因此今后商人外出时，可先到官方开一张凭证，记下地点和钱币数目，之后拿着凭证去各衙门兑换现金。这张凭证就叫"飞钱"。注意，飞钱本身不能流通，也不能当作货币使用。

各国各衙门

窦家店开张大吉

因见往来各路商人运输不便，本人在长安西市特开了二十多间店，以供各位老板存放货物，只收取少量存放费。开张前三日，一律八折优惠。

窦家柜坊

给裴度的感谢信

本人不久前在香山寺为父亲祈祷时，遗失贵重玉带三条。这玉带本来是贫女为给父亲治病，好不容易借来去当铺典当的。发现遗失后，第二天一大早我便返回香山寺寻找，找了很久都没找到，不由大哭。

书生裴度问清原因后，主动将玉带还给了我。周围的人说我遇到了好人，因为他已经在这等了我一天。我十分感动，想对他表达谢意，却被婉言谢绝。今借《历史穿越报》一角，感谢他的拾金不昧。谢谢你，好心人，祝你一生平安。

巴山潘翠兰

第⑪期

〖公元826年—公元859年〗

甘露之变与牛李党争

穿越必读 ▶ 　唐朝中后期，宦官势力越来越强大，就连皇帝也不得不让他们三分。唐文帝不甘受制于宦官，发动"甘露之变"，却不幸惨败。在宦官专权的时期，"牛李党争"长达将近40年，加深了唐朝后期的统治危机。

甘露之变，官员惨遭宦官屠杀
——来自长安的加密快报

公元835年11月21日，这是一个举国上下震惊的日子。

这一天李昂（即唐文宗）上早朝时，有官员上奏说，禁卫军大厅后的石榴树上夜降甘露，是大唐再兴的吉祥之兆。文宗大喜，便派仇士良、鱼弘志等宦官去看个究竟。

当仇士良等宦官走到禁卫军门口时，发现陪他们前来观看的韩约神情紧张，大冬天的居然头冒冷汗，不由生疑。

正好这时，一阵风吹动了门边的帷幕，仇士良看见里面埋伏了许多士兵。原来，唐文宗早就对宦官专权看不惯了，为了夺回皇帝应有的权力，他就和宰相李训、郑注等人布下了这个局，想将宦官们一网打尽。

仇士良等人见势不妙，夺门而逃，回到殿上，把唐文宗推入软轿抬起就跑。李训等连忙上殿护驾，却被宦官打倒在地。

仇士良等劫持唐文宗逃入内宫后，派禁军持刀出宫，李训、郑注等文武百官先后遭到捕杀。皇城内外，血流遍地，惨不忍睹。据统计，受此事牵连被杀者达一千多人。

从此，宦官们更加专横，唐文宗也成了一个囚犯皇帝，备受欺凌，常常偷偷抹泪。可是，满朝大臣找不出一个有勇气的人，他又有什么办法呢？

来自长安的加密快报！

皇上，外面发生水灾啦！

皇上，外面发生旱灾啦！

皇上，外面发生蝗灾啦！

我怎么这么命苦啊！

被坏人诬陷，我该怎么办

编辑老师：

你们好！

大家都知道，现在宦官势力十分猖獗。唐文宗也非常讨厌宦官，因为宦官害死了他的祖父唐宪宗和兄长唐敬宗。他几次找我商量，想除掉宦官头子王守澄，还为此封我做了宰相。

说实话，我也很痛恨宦官，也想为陛下尽一把力，可宦官的力量实在太大了，他们掌有兵权，连皇帝的命都由他们说了算，我怎么是他们的对手呢？结果事情没办到，反而提前泄露了。

有人就诬陷我企图推翻唐文宗，立他的弟弟为皇帝。唐文宗竟信以为真，将我贬为开州司马。我任宰相时两袖清风，一心为了国家社稷，到头来竟得到这样一个结果，这让我情何以堪呢？

宋申锡

宋大人：

您好！

我们早就听说了您清廉与正直的名声。但有的时候，现实往往不尽如人意。有些事情你越想那样，就越达不到自己想要的结果，所以也不必太过强求。您努力过，也付出过，这就足够了。

其实明白人都知道，您现在已经是宰相了，就算拥护皇上的弟弟上位，您仍然只是宰相，犯得着谋反吗？但文宗可能听到宦官们的诬告，一时震惊而失去了理智。等他静下心来仔细想想，也许就会想通了。

您现在蒙受不白之冤，我们也很难受，但也只能劝您把心放宽一点。既然是人家误解了您，您又何必跟自己过不去呢？最后，祝您能早日返回长安，官复原职。

报社编辑

（公元833年，宋申锡在开州去世。甘露事变后，唐文宗才给宋申锡平了反。）

揭秘宦官们是如何专权的

大家都知道，现在朝廷这么黑暗，大部分原因是宦官在捣鬼。那么，宦官究竟是怎样从皇帝的内侍，一步步登上政治舞台的呢？

当年，唐玄宗消灭太平公主时，宦官就帮了很大的忙。所以，玄宗登基后，对宦官高力士非常宠信。不过这时，宦官还没有能力专权。

后来，发生了安史之乱，唐朝的皇帝对武将不再信任，转而信任宦官，甚至把军队交给宦官掌管，让他们监视武将打仗。权力到手，宦官的野心自然膨胀了。他们策划了一场又一场阴谋，扶持了一个又一个皇帝。而皇帝呢，整天只知道贪图享乐，宦官在底下搞什么鬼，他们才懒得管呢。

宦官仇士良掌握了一套很好的"驾驭"皇帝的方法，并把经验传授给手下太监："皇帝嘛，决不能让他闲着。他一闲下来，就会去看书，或者接待大臣。要是他听了大臣的劝谏，不再吃喝玩乐，那我们就没办法专政了。"

"所以，我们要想尽一切办法，弄到足够的钱财供皇帝挥霍。要让他整天沉浸在声色犬马中，而且一天一个花样，不能让他们感到厌烦。这样，他就没工夫想别的事，只能任由我们摆布啦！"

太监们一听，茅塞顿开，纷纷向仇士良投去崇敬的目光。

当然，仇士良还有一个绝招，那就是把禁军大权牢牢地掌握在手里。这样，即使皇帝"不听话"，也可以用禁军来威胁他。

武宗灭佛，引来佛门浩劫

公元841年，李炎（即唐武宗）刚做上皇帝不久，就请和尚和道士一同去讲法。这本是一个喜事，然而，和尚们一个个愁眉苦脸，道士们却一个个喜笑颜开，这是怎么回事呢？

原来，唐武宗只赐给道士紫衣，还下令和尚不得穿着。明眼人一眼就看出来了：新皇帝不喜欢佛教，只对道教感兴趣！

其实，唐朝皇帝有一个共同的毛病，就是相信服用道教的丹药，便可长生不老。就算是唐太宗、唐宪宗、唐敬宗因为服用丹药，毒发身亡，后来者也照样乐此不疲。

唐武宗是一个迷信长生术的皇帝。不同的是，他在迷信道教的同时，还听信道士的谗言，对佛教格外排斥，因此发起了一场暴风骤雨般的灭佛运动。

在这场运动中，佛教寺院的财产被没收；300多名裹头僧被杀害；无数和尚和尼姑被勒令还俗；大型寺院、佛堂被毁，只允许长安与洛阳留下两所寺庙，每个寺庙仅留僧人30人；各节度使的地盘也只能留一所寺庙，僧人也被控制在30人以内。

据统计，因这一事件被拆毁的寺庙有4600所，被强制还俗的僧尼多达26万人，唐王朝从中收缴了几千万顷良田，可谓"战绩辉煌"。

持续四十年的牛李党争

在宦官专权的日子里，很多官员都争相巴结宦官。这些官员又分为两个党派，一个是以牛僧孺为首的"牛党"，一个是以李德裕为首的"李党"。这两个党派，互相倾轧，争争吵吵将近四十年。

而要追溯"牛李党争"的源头，则是从一场进士考试开始的。

唐宪宗在位时，有一年，长安举行科举考试，举人牛僧孺、李宗闵（mǐn）在考卷里针砭时弊，批评朝政。宰相李吉甫（李德裕的父亲）听说了这件事，怕牛僧孺和李宗闵揭他的短，会对自己不利，于是跑到唐宪宗面前，说这两名考生和考官沾亲带故。唐宪宗就把几名考官降了职，牛僧孺和李宗闵当然也没能得到提拔。

这件事招来了许多官员的非议，他们谴责李吉甫嫉贤妒能，为牛僧孺他们打抱不平。唐宪宗没办法，只好将李吉甫贬为淮南节度使。双方就此埋下了斗争的种子。

李德裕和牛僧孺入朝为官后，牛僧孺、李宗闵与一些科举出身的官员结成一派，李德裕与一些士族出身的官员结成一派，

敢和我斗！你还嫩了点。

两派的斗争逐渐加剧，双方不管是哪一方，一旦大权在握，就排挤、打击对方。

唐文宗即位后，李宗闵和牛僧孺当上了宰相，就把李德裕排挤出朝廷，贬为西川（今四川省成都市）节度使。那时西川社会混乱，民不聊生，西边有吐蕃威胁，南边有南诏虎视眈眈，可以说是一个烂摊子。然而，李德裕走马上任后，马上就有一个吐蕃将领投降，还收复了重镇维州（今四川省甘孜州东部）。

但是牛僧孺却对唐文宗说："李德裕收复了一个维州，算不了什么；跟吐蕃搞坏关系，那才不合算呢！"唐文宗于是下令叫李德裕将维州和降将还给吐蕃。

唐武宗在位时，李德裕做了宰相，又把牛僧孺、李宗闵流放到南方。

李忱（即唐宣宗）在位时，牛党又被重新启用，李党遭到罢斥。李德裕被赶到遥远的崖州（今海南省），不久，忧郁而死。

就这样，持续40年的牛李党争终于结束。但这时的大唐王朝，已经被他们搅得乌七八糟了。

你别太欺负人！

新闻广场

党争夹缝中的诗人李商隐

如果有个诗人跑进你家里，在大厅的墙壁上写了一首讽刺你的诗。你会不会气得直瞪眼呢？

还真有这么一个诗人，他叫李商隐。他的诗构思新奇、风格绮丽，深受人们喜爱。据说，白居易晚年的时候，就非常喜欢李商隐的诗，还开玩笑说："我希望自己死后，能投胎做你的儿子。"

但是，这样一个才华横溢的诗人，却生活在牛李党争的夹缝之中，一生不得志。

真为难！

李商隐年轻的时候，因为才华出众，得到了令狐楚的赏识与帮助。令狐楚是牛党的人，所以李商隐自然而然被划分到牛党中了。令狐楚去世后，李商隐被王茂元请去当幕僚，并娶了王茂元的女儿为妻。

这可不得了，王茂元是李德裕的好朋友，算是李党的人。于是，牛党的人纷纷对李商隐表示唾弃，认为他是牛党的叛徒。

李商隐在两党的夹缝之中过得非

新闻广场

常艰难。他曾经给身居高位的令狐绹（táo，令狐楚的儿子）写信，希望他能提携自己，但每次都遭到了令狐绹的冷眼。

李商隐非常感慨，就在令狐绹家的大厅中写了一首诗，讽刺他忘记了旧日的情谊。

有人说，令狐绹回来看到这首诗后，羞愧难当，就叫人把大厅锁起来，不准再打开；也有人说，令狐绹恼羞成怒，想毁掉墙上的诗，可诗中有一个"楚"字，是他父亲的名讳。所以，他只好锁上大厅，眼不见为净。

皇帝的女儿也愁嫁

怪事年年有，今年特别多。唐宣宗李忱生了11个女儿，但都面临着嫁不出去的危险哦！

万寿公主是唐宣宗最大的女儿，宣宗想给她找个出身士族、又考中过进士的驸马。遗憾的是，符合要求的男士竟没一个愿意娶公主。原因嘛，首先，士族清高，不想落个攀龙附凤的名声；其次，唐朝已经穷途末路，大家不想惹祸上身。更何况，很多考中进士的人早就年纪一大把，孩子一大群了。

后来，有个叫白敏中（白居易堂弟）的人，给唐宣宗推荐了一位出色的年轻人，这人名叫郑颢（hào）。郑颢的父亲做过宰相，他自己7年前也考中了进士第一名，目前还没有娶妻，简直就是为公主量身打造的。

唐宣宗很高兴，马上派人到郑府上要人。郑府的人却说，公子出门接新娘子去了。原来，郑颢早与江南的卢家姑娘定亲，现在已经去江南接卢姑娘了。唐宣宗一听，赶紧写了一封诏书，命人拿着诏书去追郑颢，把迎亲的队伍拽了回来。

就这样，好好的一场婚礼，硬是被唐宣宗搅散了。郑颢不敢违抗圣命，只好一边痛骂媒人白敏中，一边不情不愿地把公主娶回了家。

名人有约

特约嘉宾：李忱

身份：唐宣宗

大：大嘴记者　**李**：李忱

大：皇上您好，您是唐宪宗的儿子，唐穆宗的弟弟，唐文宗和唐武宗的叔叔，对吧？

李：没错，记者你查过我的家谱吧！

大：嘿嘿，我哪敢啊。听说，您小的时候，宫里人都认为您很笨。后来您做了光王，武宗还常常取笑您，叫您"光叔"。可现在一看，您并不糊涂啊，还是一位非常英明的皇帝呢。

李：呵呵，有的人外表聪明，内心糊涂；有的人外表糊涂，心里明亮。我是后一种。

大：原来如此。正因为您看上去好欺负，那些宦官才拥护您当皇帝的吧？

李：没错。只可惜，宦官的如意算盘打错了。我不但不会任由他们摆布，还会用一切可能的办法对付他们。

大：比如，把他们统统抓起来，关进大牢。

李：记者你想得太简单了，"甘露之变"的悲剧才过去没多久，我可不想再来一次。我只能尽量限制他们的权力，不让整个朝廷被他们操控。

大：听说，您为"甘露之变"中的所有官员都平反了？

名人有约

李：是的，除了李训和郑注。我觉得他们两个是小人，很讨人厌。

大：除了这些，难道真的没有更好的办法对付宦官了吗？

李：唉，宰相令狐绹倒是提了一个：宦官要是犯了罪，就严加惩办，但是不能用其他的宦官替补空缺的职位。这样时间一长，宦官的势力自然而然就消耗殆尽了。

大：好办法呀，怎么不实行呢？

李：倒霉的是，这个计划被宦官发现了呀。

大：……好吧，咱不提宦官了，一提就来气。皇上，您知道大臣是怎么评价您的吗？有一个大臣说，虽然他知道您对他很信任，可他每次向您奏事时，都吓得汗水直流。哈哈！

李（笑）：把他的名字告诉我，我得好好治办治办他。

大：治办什么呀，他是夸您在臣子面前有威信呢。

李：当然，对大臣也不能一味地施加压力，得恩威并施，这样他们才会效忠你。

大：是的，您在这方面做得很好。大唐王朝经过您和这些贤臣的治理，情况比以前好多了。有人因此还给您取了个绰号呢！

李：什么名号？记者别卖关子了，快说是什么？

大：小太宗，哈哈！大家都把您比作第二个唐太宗啦！

李：我不会辜负天下百姓对我的期望，我会做得更好的。

大：是的，我相信。好的，今天采访就到这里了，这真是一次愉快的谈话，再见。

广告铺

拆佛寺令

近几年来，全国各地大肆建造佛寺，严重影响了国家税收与经济发展，使得市场凋零，国库财产蒙受损失。为了扭转这一萧条局面，建立起一个繁荣、昌盛的大唐王朝，从今天起，各个县衙将会对大小庙宇进行拆除，望各佛门子弟做好准备，早日还俗。

全国各衙门

购买桂管布者请提前预订

桂林地区生产的木棉布——桂管布，因为质地厚实，经久耐用，备受人们青睐。前不久，一向倡导节俭的文宗皇帝也用此布做了一身龙袍。现在朝廷上上下下掀起了一股效仿热潮，导致桂管布价格上涨三倍还供不应求，店内严重缺货。如各位顾客有所需求，请提前10天预订，如有不便，还请见谅！

桂林雅典布店

杖毙乐工罗程

乐工罗程仗着朕的恩宠，竟然为一点儿小事杀人，实在可恶！更可恶的是，其他乐工还为他求情，说他琵琶弹得好。你们可惜罗程的技艺，但朕可惜的是他败坏了祖宗留下来的礼法！朕下令，立即杖毙罗程，以儆效尤！

唐宣宗

第 ⑫ 期

〖公元859年—公元907年〗

黄巢起义，朱温灭唐

穿越必读 ▶

唐朝末年，黄巢发动大规模农民起义，这对早已经腐朽不堪的唐王朝来说，无疑是毁灭性的打击。各个藩镇在农民起义期间，争相抢占地盘。最终，节度使朱温灭唐，建立梁朝，存在将近300年的唐朝就此落下了帷幕。

皇帝太昏庸，迎佛也没用
——来自长安的加密快报

公元859年，唐宣宗吃长生药病死，李漼（即唐懿宗）即位。唐懿宗是个大昏君，每天不是饮酒作乐，就是出去游玩，还为此养了500多名乐工，随时为他助兴。没多久，唐宣宗好不容易稳定下来的局势又开始走下坡路。

除此之外，他还极力发展佛教。公元873年，唐懿宗下诏，要去法门寺迎奉佛骨。大臣们纷纷劝谏，让他不要劳民伤财。

唐懿宗却充耳不闻，说："朕活着时能见到佛骨，就是死了，也不会有什么遗憾了！"

这次迎奉佛骨的规模非常宏大。从长安到法门寺的路上，禁军和兵仗绵延数十里，比皇家祭天大典的场面还要壮观。

不久，佛骨被迎入长安，在宫中供奉三天后，懿宗将它送到长安的寺院让百姓朝拜。一些富豪花费大量的钱财，用水银做成池子，将金玉做成树木，招来高僧举行法会。

讽刺的是，佛骨并没有给这个昏庸的皇帝带来洪福。当年七月，唐懿宗就病死了。

来自长安的加密快报！

私盐贩子王仙芝自称大将军

这些年，官员越来越腐败，老百姓头上的赋税也越来越重，尤其是盐税。百姓们买不起盐，只好吃淡食。可这总不是长久之计啊，于是很多贫苦百姓不顾朝廷禁令，做起了私盐买卖，而且队伍一天比一天壮大。

公元874年，也就是李儇（即唐僖宗）即位的这一年，河南有个叫王仙芝的私盐首领组织大家起义。他自称天补平均大将军，发表檄文，大骂官员腐败贪污，赏罚不均。这篇檄文大快人心，许多穷苦百姓纷纷前来投奔，起义队伍一下子从几千人发展到几万人。

第二年，冤句（在今山东省菏泽）的私盐首领黄巢也起兵响应。两支队伍汇合后，一口气攻下了许多州县。

唐僖宗吓得赶紧下令，让各藩镇去镇压。可是，面对起义军潮水般汹涌的气势，藩镇你看看我，我看看你，都不敢轻举妄动。

唐僖宗没办法，只好改变策略，派宦官去见王仙芝，说要封他做官。王仙芝一听有官做，有点儿心动。

黄巢知道后气坏了，领着一群将士跑过来，劈头将王仙芝臭骂了一顿，说："当年兄弟们发誓，要一同平定天下。现在你去做官了，叫其他的兄弟怎么办？"

可王仙芝还是有些犹豫，黄巢举起拳头就打，打得他满脸是血。王仙芝见自己惹了众怒，这才赶紧认错，表示绝不接受招安。

冲天大将军，力透长安城

将前来招安的宦官赶跑后，王仙芝和黄巢兵分两路，一个向西进攻，一个向东进攻。公元878年，王仙芝在黄梅（今湖北省内）被唐军杀害。他的部将领着剩下的人马，与黄巢会和。黄巢被推举为起义军的新首领，号称"冲天大将军"。

当时，中原地区的唐军力量很强，黄巢不打算硬碰，于是领兵南下。起义军渡过长江，一路攻城略地，经过一年的时间打到了广州。

起义军在广州休整的时候，岭南发生了瘟疫。黄巢决定带兵北上，他们大败沿路拦截的唐军，顺利渡过长江。淮南节度使高骈（pián）吓坏了，躲在扬州城里不敢出来，只说自己中了风。

之后，起义军以迅雷不及掩耳之势，又渡过了淮河，并向当地将领发表檄文，说："我们只向皇帝问罪，你们各守各的地盘，不要来触犯我们！"

将领们接到檄文后，都十分配合。唐僖宗束手无策，竟然和大臣面对面哭了起来。

公元880年，黄巢攻下长安的门户——潼关。唐僖宗吓得魂飞魄散，赶紧带着宦官和妃子逃跑了。而那些来不及逃走的官员，一个个都出城投了降。

当天下午,黄巢坐在一顶金色的大轿上,被人抬进了长安。起义军进城后,向百姓散发了很多财物,并宣布:"黄王起兵,本来就是为了穷苦百姓。我们不会像姓李的那样虐待你们,你们不用害怕。"

公元880年12月,黄巢在含元殿即位,国号"大齐"。遗憾的是,起义军一路打来,之前占领过的地方,都没有派人留守,也没有彻底消灭关中的唐军。没多久,朝廷就调集各路人马,将长安团团围住。

这时,起义军中有一个叫朱温的重要将领见风使舵,向朝廷投了降。再加上河东节度使李克用也率兵前来支援唐军,起义军打了个败仗,不得不撤出长安。

公元884年,黄巢狼狈不堪地逃到泰山狼虎谷,在绝望中自杀(也有人说他是被外甥林言杀死的)。历经10年的黄巢起义就此失败。

百姓茶馆

听说，黄巢并没有死，而是出家当和尚了。死在狼虎谷的那个，只是黄巢的替身，也不知道是不是真的。

谁知道呢？唉，反正我对他没好感。他自从当上皇帝后，就知道在宫里吃喝享乐，还纵容手下人残杀无辜百姓。要真让这样的人来统治我们，简直比李家的人更可怕！

最近，听说诗人李绅作了一首诗叫《悯农》，大伙儿都在争相传诵呢！你们听我念念："锄禾日当午，汗滴禾下土。谁知盘中餐，粒粒皆辛苦。"

这首诗虽不是特别精美，但它语言质朴，又朗朗上口，我听了一遍就记住了。

朱温灭宦官，杀昭宗

黄巢起义失败后，唐僖宗李儇虽然回到了长安，可是，天下早已经不是李家的天下。在镇压起义的过程中，各个藩镇趁机争夺地盘，形成了许多割据力量。其中力量最强大的两个节度使，一个是宣武节度使朱温，一个是河东节度使李克用。朱温和李克用之间互相争斗，朱温渐渐占了上风。

公元888年，唐僖宗病死后，他的弟弟李晔（唐昭宗）即位。昭宗一心想重振唐朝，诛杀宦官，可他斗不过宦官，反倒被宦官废掉了。朱温一看机会来了，就和宰相崔胤联合起来，杀了宦官头目刘季述，拥戴昭宗复位。

其他宦官眼看不好，立刻投奔了凤翔节度使李茂贞，并把唐昭宗劫持到凤翔。朱温一路带兵追过来，将凤翔团团围住。这一围就是一年多，凤翔的粮食都吃光了，再加上天寒地冻，凤翔城中每天都有一千多名百姓冻死、饿死。

李茂贞实在守不下去了，只好杀掉宦官，把昭宗送到朱温手中。唐昭宗原本以为朱温对自己忠心耿耿。因为唐僖宗在位时，不是给朱温赐名"全忠"嘛。可是唐昭宗想错了，很快他就发现，落在朱温手里，比落在宦官手里更惨。

朱温先是杀光了所有的宦官，接着，逼唐昭宗把都城迁到洛阳，最后，他把昭宗也杀掉了，立昭宗13岁的儿子李柷为皇帝，史称唐哀帝。

给唐朝最后一个皇帝的回信

编辑老师：

你们好！

我是唐朝的皇帝李柷。虽然我表面上是皇帝，可实际上我一点儿权力也没有。所有诏书都是朱温以我的名义颁布的，跟我没一点儿关系。

这样也就算了，我得到一个令人震惊的消息。朱温为了除掉唐朝宗室，邀请我9个兄弟到九曲池赴宴。在宴会上，他竟然派士兵将我的兄弟们全都活活勒死了，并把尸体丢进了九曲池。我悲痛到了极点，可又不敢放声大哭，只能悄悄流泪。

今年（公元905年）6月份，我又得到一个消息。朱温在白马驿杀了30多位朝臣，并把尸体丢进了黄河。

这个杀人不眨眼的恶魔，他是想杀光我身边的人，让唐朝再也没有翻身的日子！现在，我一个人孤苦伶仃，周围到处都是朱温派来监视我的人。我真怕有一天，朱温也会把我杀掉。我该怎么办？

李柷

皇上：

您好！

我们对您的处境深表同情，只是我们手上没有一兵一卒，也帮不了什么忙。更何况，大唐王朝已经走到了尽头，这是谁都没有办法改变的事实。

我们只能给您一条忠告：过不了多久，朱温一定会逼你禅位。到时候，您最好对他表示顺从，这样也许能保住一条命。祝您幸运！

报社编辑

（公元907年，朱温废掉了唐哀帝李柷，大模大样地坐上了龙椅，并改国号为"梁"，将都城定在开封。从此，统治中国将近300年的大唐帝国一去不复返。）

八卦驿站

端午节为什么要插艾草

每年端午节，人们为什么都要在门口插艾草呢？据说，这与起义军首领黄巢有关。

有一年，黄巢的起义军打到中原，正好是端午节。那些被追杀的贪官吓得东躲西藏，还到处发布谣言，说黄巢隔山摇刀，人头落地。百姓也吓坏了，跟着一起逃命，这被称为"走黄巢"。

中原有一户人家，男人刚好出去了，只剩下一位妇女和两位小孩。妇女背起年龄大的孩子，牵着年龄小的，匆匆忙忙地随着人群"走黄巢"。

逃了没多远，迎面走来一个穿着黄衣服的人，奇怪地问她："嫂子为什么不背着小的，牵着大的呢？"

妇女回答说："大的是我侄子，小的是我儿子。亲骨肉丢了没事，可我不能丢了我的侄儿啊。"

黄衣人听了非常感动，对妇女说："你在危难之中还如此仁义，黄巢的刀法已经被你破了。你回去吧，只要在门口插上艾

八卦驿站

草,表明是你仁义之家,黄巢就不能伤害你。"

妇女正觉得奇怪,突然发现黄衣人不见了。她以为遇到神仙,欣喜若狂,立刻带着两个孩子回去了。她还把"神仙"的话告诉了乡亲,大家知道后,也纷纷在门口插上艾草。

起义军打过来后,凡是看到门口插了艾草的,都不进去骚扰。就这样,人们平平安安地度过了一个端午节。从那以后,端午节插艾草、不用"走黄巢"的习俗就流传了下来。

后来人们才知道,妇女遇到的那个黄衣人,其实就是黄巢本人。

真的吗?

名人有约

身份：冲天大将军

大：大嘴记者　**黄**：黄巢

大：大将军好。听说大将军从小就会骑马射箭，还读过不少书，是真的吗？

黄：没错。我还去长安考过进士呢。

大：啊，这太让人意外了，那您考上了吗？

黄：考上了才怪。不过，长安那几趟也算没白去。至少我在长安看到了朝廷的黑暗和腐败。那时候，我就有推翻唐朝的想法了。

大：果然有志不在年高啊。听说您写过一首叫《菊花》的诗，就是那时写的吧？

黄：对，是我离开长安时写的："待到秋来九月八，我花开后百花杀。冲天香阵透长安，满城尽带黄金甲。"哈哈！

大：好霸气的诗啊。请问，您是怎么走上起义这条路的呢？

黄：唉，那时候关东大旱，老百姓连吃的都没有，官府却逼着我们交税交租，这不是逼我们去死吗？刚好这时，王仙芝发动起义，我们也就跟着一起干了。

大：您说您起义是为了让百姓过上好日子，可我听说，您称帝后并没有兑现自己的诺言。

名人有约

黄：……你听到了些什么谣言？

大：我听说，您的手下在长安杀人放火，抢夺妇女。这是真的吗？

黄：这个嘛，士兵太多，有点儿管不过来。我也没办法呀。

大：后来，有一小股唐军攻进长安，受到了百姓热烈欢迎。您逃出城后，发现唐军人数不多，又杀进长安。您对百姓的表现非常生气，竟然……

黄：竟然什么？

大：竟然下令屠城！把长安的男丁全都杀光了！

黄：哼，那又怎样，是他们不识时务！

大：要是这样，我也站在朝廷这边。不能让长安城毁在你手里！

黄：哈哈，我离开长安的时候，放了一把火，把整个长安城都烧了！

大：你你你……哇，受不了啦！你这个恶魔！我采访不下去了！！！救命！！！

广 告 铺

不许替庸医求情

　　朕的宝贝女儿同昌公主刚出嫁两年，就生病死了。这些庸医连公主的病都治不好，朕要把他们全都杀了，把他们的家人全部关进大牢！哪个官员敢替他们求情，一律贬官！

唐懿宗

《金刚经》首次印刷成功

　　在懿宗的倡导下，长安城里的诵经声又响了起来。公元868年，我国用先进的雕版印刷术，成功印刷了佛教经书——《金刚经》。如有需要，请到长安城南部的雕版印刷厂来。

雕版印刷厂厂长柴三通

吉祥客栈隆重开业

　　吉祥客栈装饰精美，卫生条件好，服务一流。客房分上、中、下三等，由于外面兵马喧嚣，来往避难的人很多，本客栈不想节外生枝，所以需住店的客人一定要是普通老百姓，而且请大家提前一天预定，谢谢合作！

吉祥客栈

智者为王

智者第 4 关

1. 长期以来，唐朝皇帝得到评价较高的是哪三个人？
2. 为了改变藩镇权力膨胀的局势，唐宪宗提高宰相声威，平定藩镇叛乱，使朝廷变得井井有条，这一盛况被称为什么？
3. "仙丹"真的能延年益寿吗？
4. "野火烧不尽，春风吹又生。"这句诗是谁写的？
5. "飞钱"是一种货币吗？
6. 年纪轻轻的唐敬宗李湛是被什么人杀害的？
7. "裴度还玉带"这个故事，告诉了我们一个什么样的道理？
8. 唐朝末期著名的党争是什么？
9. 公元835年，李训引诱宦官们参观甘露，想将他们一举消灭，结果事情败露，反而使朝廷官员遭宦官大肆屠杀，这被称为什么事件？
10. 唐文宗李昂是被什么人拥立为皇帝的？
11. 书法家颜真卿和柳公权被世人合称为什么？
12. 唐朝哪位皇帝曾经下令毁佛？
13. "满城尽带黄金甲"出自谁的诗？
14. 黄巢号称什么？
15. "小太宗"指的是谁？
16. 朱温和朱全忠是同一个人吗？
17. 唐朝的最后一个皇帝是谁？
18. 朱温做上皇帝后，国号是什么？
19. "相见时难别亦难，东风无力百花残。"是谁的名句？

智者为王答案

第 ❶ 关答案

1. 隋文帝杨坚。
2. 北周。他的父亲杨忠是北周的开国元勋,被封随国公。杨忠死后,杨坚承袭了父爵。
3. 是的。
4. 开皇之治。
5. 开通京杭大运河、西巡张掖、开创科举、开发西域。
6. 三次。
7. 就当时来说,李渊为隋炀帝扣上这个"炀"字,是讽刺他沉溺女色、怠慢政事。此外,"炀"也含有暴躁、暴力的意思。
8. 鲜卑族。
9. 宇文化及发动兵变,杨广被令狐行达勒死。
10. 由翟让、李密等领导的瓦岗寨农民起义。
11. 窦建德。
12. 隋朝。
13. 卢思道。
14. 投降了唐朝。
15. 李密。

第 ❷ 关答案

1. 李渊。
2. 王勃、杨炯、卢照邻、骆宾王四位文学家,四人也被合称为"王杨卢骆"。
3. 长孙无忌。
4. 被尊为"天可汗"。
5. 唐太宗统治时期,社会安定、经济繁荣,而太宗年号"贞观",因此,人们将他在位时期称为"贞观之治"。
6. 是魏征。唐太宗将他比喻成一面镜子,用来确知自己行为的过失。
7. 为了将佛经的原文取回来。
8. 天竺。
9. 西藏自治区。
10. 玄武门之变。
11. 唐太宗李世民。
12. 唐高宗时期的农民起义女领袖陈硕真,自称文佳皇帝。
13. 房玄龄与杜如晦。
14. 阎立本。
15. 日月当空,光明普照。
16. 吐蕃国君松赞干布。

智者为王答案

第 3 关答案

1. 宋璟。
2. 唐中宗李显的女儿。
3. 开元盛世。
4. 杨玉环。
5. 中宗死后,朝政大权掌握在韦皇后手中。李隆基发动兵变,将韦皇后一派消灭,因功被立为太子。
6. 太平公主。
7. 安史之乱。
8. 马嵬坡。
9. 8年。
10. 唐肃宗。
11. 被他的儿子安庆绪策划杀死的。
12. 郭子仪。
13. 唐代宗李豫。
14. 可能不是。据说那盗贼是唐代宗派人假扮的。
15. "罪己诏"是古代的帝王在朝廷出现事故、国家遭到天灾或政权动荡时,自我检讨的口谕或者文书。
16. 唐顺宗,在位不足一年就成了太上皇。
17. 李林甫。
18. 杜甫。
19. 《陋室铭》。

第 4 关答案

1. 唐太宗、唐玄宗、唐宪宗。
2. 唐室中兴。
3. "仙丹"其实是由一些稀有金属和矿物质炼成的,不具备延年益寿的功能。
4. 白居易。
5. 不是。
6. 宦官。
7. 讲诚信的人,必定会得到相应的回报。
8. 牛李党争。
9. 甘露之变。
10. 宦官。
11. 颜柳。
12. 唐武宗。
13. 黄巢。
14. 冲天大将军。
15. 唐宣宗李忱。
16. 是的。朱温曾被赐名朱全忠。
17. 唐哀宗李柷。
18. 梁(史称后梁)。
19. 李商隐。